RECIEN NACIDO

Tu nueva vida con Cristo

Jack Hayford

Publicado por
Editorial **Unilit**
Miami, Fl. U.S.A.
Derechos reservados

Primera edición 1997

© 1984 por Jack Hayford
Publicado en inglés con el título de:
Newborn por Tyndale House Publishers, Inc.
Wheaton, Illinois

El Evangelio de San Juan, fue tomado de la Santa Biblia
edición 1960, © Sociedades Bíblicas Unidas.
Las citas bíblicas en el texto son extraídas de la misma
edición de 1960. Usada con permiso.

Traducido al español por: Mónica Goldemberg

Producto 497473
ISBN0-7899-0311-3
Impreso en Colombia
Printed in Colombia

Contenido

Contents

1

*L*a bienvenida a la familia

Bienvenido, amigo!Tú eres la razón por la cual se ha escrito este librito, para darte la bienvenida a la familia de Dios.

¡Bienvenido!

Por haber aceptado a Jesucristo como tu Salvador, ahora tienes una nueva relación con Dios y con su familia. Y como un miembro recién nacido en la familia, quiero hablarte de nosotros —tú y yo— y todos los que hemos llegado a ser miembros de su familia.

Cuando nos referimos a la gente que ha aceptado a Cristo como su Señor como familia, no estamos siendo ni sentimentales ni exclusivistas. En este caso, "familia" es algo más que un discurso, es una expresión tomada de la Biblia. Así es como la palabra de Dios describe a quienes han nacido de nuevo en la familia de Dios:

*Así que ya no sois extranjeros ni adve-
nedizos, sino conciudadanos de los
santos, y miembros de la familia de
Dios.*

Efesios 2:19

Es por esto que te doy la bienvenida a esta nueva relación familiar.

Espero poder ayudarte con este librito a alcanzar la dimensión, el valor, el significado y las posibilidades que están abiertas para ti como miembro "recién nacido" en la familia de Dios.

¡Bienvenido a la familia de Dios! En ella descubrirás una nueva cantidad de vida —vida eterna— y una nueva calidad de vida.

LO QUE JESÚS TRAE A TU VIDA

Más allá de tu historia personal, todos tenemos en común la experiencia del pecado. Cuando pecamos, le erramos al blanco o nos quedamos cortos al no alcanzar la meta o lograr el estándar.

Y el pecado aparece en todos nosotros, en el mejor o en el peor de los casos.

En el mejor de los casos, porque nuestra vida es limitada y finita, llena de fracasos y el sentimiento latente que la vida no es todo lo que debiera ser. Poca gente parece darse cuenta de lo que Dios quiere realmente que sepamos en cuanto al propósito de la vida y su cumplimiento. En el peor de los casos, porque perdemos demasiado tiempo en buscar y lograr metas engañosas que terminan en decepciones, pecado y ataduras personales. En ambos casos, el pecado y sus consecuencias nos afligen a todos.

Pero el Hijo de Dios, Jesucristo, apareció en este dilema humano diciendo que él venía a darnos una vida significativa y plena:

Yo he venido para que tengan vida, y para que la tengan en abundancia.

Juan 10:10

Esta vida abundante que Cristo nos ofrece tiene una doble dimensión.

Primero, está dirigida a un futuro eterno. Nos da la esperanza de una ilimitada y eterna experiencia en el pleno gozo de Dios. La Biblia describe el cielo como un "lugar preparado", prometiéndonos que finalmente la voluntad de Dios se cumplirá reuniendo a todos los miembros de su familia.

Basándonos en la promesa de Cristo en Juan 14:2-3, sabemos que estaremos en el cielo para siempre con nuestro Señor (ver también 1 Tesalonicenses 4:16-17).

Segundo, está dirigida al presente. Tenemos la promesa de vida abundante aquí y ahora. Algunas personas piensan, equivocadamente, que la vida con Cristo sólo se vivirá en el cielo y que esta vida presente es algo que hay que sobrellevar. Esa falsa presunción los lleva a tomar la postura de: "¡Ánimo! Vive lo mejor que puedas. Algún día, en el cielo, todo será mejor".

Recién nacido, quiero que sepas que si bien es cierto que ese "algún día" en el cielo será grandioso, también tenemos la promesa de una gran vida ahora mismo. Si seguimos las instrucciones de Cristo para vivir diariamente con él, entonces, descubriremos la victoria y el gozo que hay en ser parte de la familia de Dios hoy.

LO QUE SIGNIFICA SER
UN RECIÉN NACIDO

Ser un recién nacido o "nacido de nuevo" significa que tu espíritu interno ha comenzado una nueva relación con Dios por medio del sacrificio de su Hijo Jesucristo.

Cuando al principio Dios te creó, él quería que tuvieses una relación íntima y amistosa con él. Pero cuando desobedeciste y pecaste, como todos lo hemos hecho, la relación con Dios se rompió.

No debes condenarte por tu fracaso, pero debes ser honesto y reconocer la verdad que presenta Romanos 3:12,17,23: "Todos se desviaron, a una se hicieron inútiles; no hay quien haga lo bueno, no hay ni siquiera uno.... Y no conocieron camino de paz.... por cuanto todos pecaron y están destituidos de la gloria de Dios".

Simplemente, lo que la palabra de Dios está diciendo es que ninguno de nosotros estamos viviendo como Dios quiso que viviéramos cuando nos creó.

Cuando comprendemos esta realidad, estamos listos para responder al motivo por el cual Jesús vino. La vida, muerte y resurrección de Jesús fueron la provisión específica de redención para que nos volviésemos al plan original del Padre; plan que nos relaciona a él de manera vital, creativa y restauradora.

Ahora que has decidido aceptar a Cristo como tu Salvador, queda establecida tu relación con Dios. Desde el momento en que tomas esta decisión y crees y te comprometes a vivir con Cristo, Dios realizará varias cosas para ti.

1. *Redención. Se te perdona el pecado.* "En quien tenemos redención por su sangre, el perdón de pecados según las riquezas de su gracia" (Efesios 1:7).

2. *Lavamiento. Eres limpio de tu pecado.* "Nos salvó, no por obras de justicia que nosotros hubiéramos hecho, sino por su misericordia, por el lavamiento de la regeneración, y por la renovación en el Espíritu Santo" (Tito 3:5).

3. *Regeneración. Eres renacido.* "De cierto, de cierto te digo, que el que no naciere de agua y del Espíritu, no puede entrar en el reino de Dios" (Juan 3:5).

4. *Justificación. Tienes paz con Dios.* "Justificados, pues, por la fe, tenemos paz para con Dios por medio de nuestro Señor Jesucristo" (Romanos 5:1).

5. *Adopción. Somos hijos de Dios.* "Pues no habéis recibido el espíritu de esclavitud para estar otra vez en temor, sino que habéis recibido

el espíritu de adopción, por el cual clamamos: ¡Abba, Padre!" (Romanos 8:15).

6. *Aceptación. El Padre te recibe.* "En amor, habiéndonos predestinados para ser adoptados hijos suyos por medio de Jesucristo, según el puro afecto de su voluntad, para alabanza de la gloria de su gracia, con la cual nos hizo aceptos en el Amado" (Efesios 1:5-6).

7. *Vida eterna. Tienes una esperanza infinita.* "De cierto, de cierto os digo: el que oye mi palabra y cree al que me envió, tiene vida eterna; y no vendrá a condenación, mas ha pasado de muerte a vida" (Juan 5:24).

Todas estas cosas son tuyas ahora ya que has recibido a Cristo Jesús, reconociéndolo como el Hijo de Dios que murió en la cruz por tus pecados y que ha resucitado de los muertos. Estas son las primeras bendiciones incluidas en el regalo de la salvación. Eso es, básicamente, lo que significa la expresión: "¡Soy salvo!"

Ahora que estás comenzando tu nueva vida en Cristo, vas a encontrar que el Espíritu Santo de Dios está continuamente ayudándote a profundizar tu entendimiento de tu Padre y tu nueva familia. El Espíritu ampliará tu comprensión acerca de la grandeza del amor y la gracia de nuestro Padre celestial.

Es a través del Espíritu Santo que Dios te habla primero al corazón y te llama a la vida con él. Cuando tú respondes, lo que estás diciendo, en esencia, es: "Quiero a Jesucristo en mi vida. Quiero conocer el amor de Dios y su perdón".

Esta decisión es el primer paso que tanto tú, como millones de personas, han tomado; un paso de fe a la familia de hermanos y hermanas que han llegado a conocer al Padre celestial de manera personal y poderosa.

Ya que has entrado a la nueva familia, me pareció que yo debía ayudarte a aprender algunas cosas acerca de los principios familiares, explicarte cómo vivimos en la familia de Dios y cómo hacemos "las cosas de la casa".

Puedes usar este librito como una guía básica para entrar a una nueva dimensión donde las metas van creciendo en Cristo y vas descubriendo progresivamente la clase de vida que compartimos en la familia de Dios.

Y, puedes usarlo como señalador de la palabra de Dios ya que es la Palabra la que le da una nueva dimensión, significado y sentido a la vida; y tú tienes el derecho de explorar cuando recibes a Jesús como tu Señor y Salvador.

2

El Padre de familia

El elemento básico de vivir en la familia de Dios es el crecimiento en el conocimiento y relación con tu Padre celestial. Esto lo logras conversando con él. En la Biblia, el apóstol Pablo describe esta clase de relación: "Por esta causa doblo mis rodillas ante el Padre de nuestro Señor Jesucristo, de quien toma nombre toda familia en los cielos y en la tierra" (Efesios 3:14-15).

Pablo no menciona solamente la familia del Padre sino que muestra la manera de llegar a conocerlo bien a él. Esta manera es tanto un gran privilegio como una necesidad fundamental de crecimiento en Cristo: oración. Así como nuestro cuerpo físico necesita respirar, nuestro espíritu necesita orar. Jesús nos ha enseñado a acercarnos libremente a nuestro Padre Dios sabiendo que somos bienvenidos cuando venimos "en el nombre de Jesús". En Juan 16:24 él nos dice: "Hasta ahora nada habéis pedido en mi nombre; pedid y recibiréis, para que vuestro gozo sea cumplido''.

Imagínate que te presentas a mis padres y les dices: "Señor y señora Hayford, su hijo Jack me dijo que si alguna vez andaba por aquí y necesitaba algo de comer o un lugar donde dormir, ustedes me ayudarían''.

Si te presentas así, te puedo asegurar que te darán la bienvenida. Puede que hagan un llamado telefónico para verificar si realmente yo te conozco; todo lo que tendría que decirles es: "Sí, conozco a esa persona. Viene en mi nombre; por favor, recíbanla''. Eso sería todo. Mis padres me aman y el hecho que te presentes "en mi nombre" te da acceso directo a su casa y a ciertas atenciones bajo su techo.

La Biblia nos dice que hemos recibido el privilegio de venir al Padre celestial en el nombre de su Hijo Jesús. No hay nada en nosotros o de nosotros que nos garantice la aceptación de Dios o que nos dé audiencia. Al orar, no nos acercamos a un Mago de Oz o Santa Claus. Estamos ante el Creador del universo que es justo, santo y admirable. Con demasiada frecuencia tenemos una imagen distorsionada de Dios, como la de una figura de cuento, o como la de una autoritaria figura lejana. Pero Jesús vino para ayudarnos a ver a Dios como realmente es. En él están juntos el amor de Dios y su autoridad en equilibrio. Él nos introduce al amante corazón de Dios (ver 1 Juan 1:18) y nos trae a la presencia del Padre (ver Juan 16:26-27).

Debido a haber sido perdonados por Cristo (ver Apocalipsis 1:5) y debido a que no reclamamos autojustificación, podemos venir al Padre completamente puros y aceptados. Él nos recibe en el nombre de Jesús, estimulando amorosamente la relación con él y prometiendo darnos todo lo que necesitemos cuando se lo pidamos en oración (ver Romanos 8:31-32).

Pero la oración es mucho más que pedirle a Dios algunas cosas. Por medio de la oración, podemos consultar a Dios, podemos buscar su dirección en nuestra vida diaria. Si eres estudiante, pídele que te ayude con los temas escolares. Si eres un empleado o un hombre de negocios, pídele su bendición en tu trabajo diario y tus decisiones. Si eres padre, pídele que te dé sabiduría para criar a tus hijos, conducir tu hogar y suplir las necesidades financieras y prácticas de tu familia. Cuando se presenten problemas, crisis o cualquier otra necesidad —cualquier cosa que te concierna—, tráesela a Dios en oración.

Pedid y se os dará; buscad, y hallaréis; llamad y se os abrirá. Porque todo aquel que pide, recibe; y el que busca, halla; y al que llama, se le abrirá. ¿Qué hombre hay de vosotros, que si su hijo le pide pan, le dará una piedra? ¿O si le pide un pescado, le dará una serpiente? Pues si vosotros, siendo malos, sabéis dar buenas dádivas a vuestros hijos, ¿cuánto más vuestro Padre que está en

*los cielos, dará buenas cosas a los que
le pidan?*

                                    Mateo 7:7-11

*Mi Dios, pues, suplirá todo lo que os
falta conforme a sus riquezas en gloria
en Cristo Jesús.*

                                    Filipenses 4:19

CRECIENDO EN LA RELACIÓN

Gracias al privilegio de la oración, Dios nos
invita a crecer en la relación con él. Dios podría
quedarse en el cielo y desde allí desparramar
algunas cosas, como si desde un helicóptero alguien les tirara goma de mascar a los chicos. Pero
él no se relaciona así con nosotros. Él nos invita a
entrar en una relación de crecimiento y compañerismo. En pasajes como Efesios 1 y Romanos 8,
podemos ver que Dios quiere que crezcamos
como miembros de una familia. Al venir a él en
oración, aprenderás sus caminos y el interés que
él tiene en ti, así como el propósito para el cual te
creó.

Cuando oras, no te preocupes por usar un lenguaje "espiritual" o palabras rebuscadas. Solamente ora con todo tu corazón, hablando con
honestidad y compartiendo con él lo que sientes y
lo que piensas. Al venir ante Dios en oración verás
que tienes acceso inmediato y abierto. Ven obedientemente y con alabanza ya que se nos dice:

"Entrad por sus puertas con acción de gracias, por sus atrios con alabanza. Alabadle, bendecid su nombre. Porque Jehová es bueno; para siempre es su misericordia, y su verdad por todas las generaciones" (Salmo 100: 4-5).

¿Por qué no te detienes ahora mismo y tomas tiempo para hablar con tu nuevo Padre de familia. A él no le molesta tener que contestarnos o darnos a nosotros, sus hijos; lo que sí espera es que vengamos en oración y adoración.

3

*L*a dieta
familiar

*El respondió y dijo: Escrito
está: No sólo de pan vivirá el
hombre, sino de toda palabra
que sale de la boca de Dios.*

Mateo 4:4

Cuando Jesús dijo esto, estaba tratando de hacernos entender claramente que, como miembros de la familia de Dios, no podemos sobrevivir sin una dieta diaria de la palabra de Dios. En la Biblia, Dios nos ha dejado algo más que un registro histórico de acontecimientos. Él nos da su Palabra como el alimento espiritual que nos nutre, nos ayuda a crecer y nos enseña su voluntad para nuestra vida.

Quiero animarte a que conozcas su Palabra. Puedes comenzar ahora mismo a leer el evangelio de Juan (incluido al final de este libro). Al comenzar por el capítulo 1, observa la maravilla que allí se describe. Juan comienza diciendo que antes que el mundo fuese creado, la Palabra —usada aquí como un título de Cristo— ya existía con Dios. Los siguientes versículos explican la naturaleza divina y la gloria de Jesús, su papel en la creación del universo y la belleza de su persona.

Luego, en el versículo 12, la Palabra nos habla directamente a nosotros: "Mas a todos los que le recibieron, a los que creen en su nombre, les dio potestad de ser hechos hijos de Dios". Esta afirmación declara que somos puestos en la familia de Dios por haber aceptado a Cristo. ¡Haz una pausa y dale gracias conmigo por eso! (Hazlo de verdad. Dile a Dios en un susurro: "Gracias" por su amor y su perdón).

Ahora, como hijo de Dios necesitas crecer. Y este crecimiento espiritual se da de la misma manera que el crecimiento físico: comiendo. La Biblia es tu alimento espiritual.

> *Desead, como niños recién nacidos, la leche espiritual no adulterada, para que por ella crezcáis para salvación.*
>
> 1 Pedro 2:2

EMPEZANDO EN LA BIBLIA

Una manera de entrar en la palabra de Dios es leyendo el evangelio de Juan durante los próximos siete días.

Tiene veintiún capítulos; por lo tanto, lo lograrás leyendo tres capítulos por día. Esto no te llevará más que quince minutos diarios. Puedes lograrlo fácilmente y, al mismo tiempo, crearte un excelente hábito para toda la vida.

Cuando termines con el evangelio de Juan, sigue con el próximo libro, los Hechos de los apóstoles (el quinto libro del Nuevo Testamento). El evangelio de Juan describe la vida de Jesús entregada al hombre. El libro de los Hechos describe la vida de Jesús manifestada en el hombre. Al leer este segundo libro, no sólo descubrirás cómo vivir como seguidor de Cristo, sino que disfrutarás al leer cómo sus primeros seguidores descubrieron la gloria y el poder de Dios llenando sus corazones y sus hogares. La palabra de Dios fue su alimento y el amor y poder del Espíritu Santo llenó sus vidas diariamente (Hechos 2:42, 46, 47).

Si sigues leyendo tres capítulos por día, te llevará unos nueve días leer todo el libro de Hechos. Cuando termines con ese libro, comienza por el principio del Nuevo Testamento y lee de corrido. Te encantará la acción y la verdad que descubrirás. Pero, más que nada, encontrarás un beneficio escondido: una entrega progresiva de la palabra de Dios.

Jesús dijo: "Y conoceréis la verdad y la verdad os hará libres" (Juan 8:32). La vida en Cristo es progresiva y transformadora. Cuando conoces su Palabra sabes cómo vivir en sus términos, en su verdad, y en sus triunfos. Sigue adelante y no te desanimes si pierdes un día. Empieza de nuevo e insiste.

Debes saber que nuestro enemigo común, Satanás, intentará impedir tu progreso (ver 1 Pedro 5:8). Pero Dios, por su Palabra, te conducirá a la victoria sobre el enemigo (Efesios 6:16-17; Romanos 10:17).

Después que hayas leído el Nuevo Testamento, comienza a leer el Antiguo Testamento. Puedes intercalar la lectura entre ambos Testamentos. Esto te ayudará a expandir tu entendimiento de Dios así como de su manera de actuar. Cuanto más profundices en la palabra de Dios más crecerás y más disfrutarás al conocer las Escrituras y recibir una buena alimentación espiritual.

La hermandad de la familia

L as familias sanas se reúnen con regularidad. Como miembros de la familia de Dios, todos necesitamos el amor, la fuerza y el estímulo de una sólida y firme hermandad. Nadie debe dejarse atrapar por la tentación de estar solo o ser independiente o retraerse.

Empieza con una leccion de los hábitos de Jesús. Él se reunía regularmente con quienes querían conocer la palabra de Dios y aprender a caminar en su camino (Lucas 4:16). Podemos seguir su ejemplo. Esto no significa que una asistencia regular a la iglesia —cumplir en apariencia— tiene algún mérito en sí mismo. El verdadero poder en concurrir a la iglesia está en lo que sucede al vivir la experiencia del compañerismo entre personas que están comprometidas a Cristo.

Estar con gente que adora y ama al Señor es contagioso, en sentido positivo. Si estás en una habitación con gente que tiene sarampión, seguramente te vas a contagiar. De la misma manera, si te reúnes regularmente con gente que crece, que ama, y que sirve al Señor, vas a "contagiarte" con ese estilo de vida.

Desafortunadamente, mucha gente hoy día considera a la iglesia como sinónimo de ritualismo. La formalidad de la religión —algunos le dicen "iglesismo"— han hecho que muchas personas no quieran saber nada con la iglesia. Pero la diferencia entre una reunión ritual y una saludable y espiritual congregación se discierne enseguida. Te urjo a que vayas a la iglesia con regularidad, no como una práctica religiosa sino en obediencia al mandamiento bíblico: "No dejando de congregarnos, como algunos tienen por costumbre sino exhortándonos, y tanto más, cuando veis que aquel día se acerca" (Hebreos 10:25).

Mira que la Biblia nos urge a un compañerismo regular porque "el día" se acerca. Ese día se explica en la Biblia como el último día donde cada uno de nosotros estará delante del Señor Jesús. Será un día de regocijo ya que estaremos delante de Dios sin culpa. Pero también se nos dice que en aquel día final, cada uno, como siervo de Dios, tendremos que rendir cuenta de nuestra vida.

No debemos temer ya que nuestros pecados han sido perdonados y Dios nos ha aceptado para siempre por medio de Cristo. La cuestión del juicio contra nosotros como pecadores ya ha quedado arreglada. Pero él nos va a pedir cuentas de nuestro servicio como seguidores de Cristo; eso nos impulsa a examinar nuestra sabia sensibilidad, fidelidad en el servicio y obediencia en el vivir.

Por lo tanto, vivamos como seguidores cristianos y siervos, dedicando el tiempo a fortalecer la comunión unos con otros. De esta forma, estaremos preparados para pararnos delante de su presencia cuando regrese y hacer un recuento confiado de lo que hemos hecho con la vida que él nos dio.

> *Y el Señor os haga crecer y abundar en amor unos para con otros y para con todos, como también lo hacemos nosotros para con vosotros, para que sean afirmados vuestros corazones, irreprensibles en santidad delante de Dios nuestro Padre, en la venida de nuestro Señor Jesucristo con todos sus santos.*

> 1 Tesalonicenses 12-13

ENCONTRANDO UN LUGAR DE COMUNIÓN

El recién nacido necesita el cuidado de la familia y la familia se alegra con el incesante aprendizaje que trae cada nueva relación. Dicho simplemente, tú y yo necesitamos la iglesia y la iglesia nos necesita. Aunque yo no te conozco, sí sé una cosa: puedo decirte desde lo más profundo de mi corazón que te amo.

Puede que te preguntes: "Jack ¿cómo es eso? Ni siquiera me conoces" Pero eso no importa.

Verás, has nacido en la misma familia y puedo decir que te amo porque el Espíritu Santo de Dios, que ha hecho real la vida de Cristo en mí, afirma que también tú compartes esa misma vida. Ese reconocimiento interior nos da sentido de unidad familiar. Y habrá otras personas a tu alrededor que te demostrarán este mismo sentir y amor.

Hay un pastor y un grupo de creyentes que aman a Jesús y a quienes el Señor quiere usar para ayudarte. Déjalos que lo hagan porque nos importa que perseveres y crezcas en la familia.

Mientras buscas un lugar de compañerismo, permite que el Espíritu Santo te ayude a reconocer la iglesia adecuada para tus necesidades. Sólo te animo a que estés seguro de que elijas un lugar donde adoren al Dios viviente, donde se exalte el nombre de Jesús, donde se le honre como Señor y Salvador, donde la palabra de Dios sea predicada y sea tu guía para vivir, y donde la integridad del corazón y la pureza de las relaciones se demuestren y se vivan en el amor del Espíritu de Dios.

Te aseguro, mi recién nacido amigo, que en un sitio así no puedes hacer otra cosa que crecer. Disfrutarás la realidad de estar en la familia de Dios y te alegrarás que cuando esta vida concluya nos reuniremos con Dios para siempre.

5

La celebración familiar

Jesús dijo que hay regocijo en el cielo cuando alguien lo acepta como Salvador. Nuestro arrepentimiento crea un gran regocijo y celebración alrededor del trono de Dios. Y Jesús dice que también lo celebremos aquí en la tierra. Que hagamos una celebración donde toda la familia se reúna y se alegre contigo al cumplir obedientemente el mandamiento de Cristo: que te bautices.

Puede que resulte extraño decir que el bautismo en agua sea una "celebración", pero es eso precisamente. No es un ritual de la iglesia y jamás ha intentado ser algo adherido a la iglesia o una ceremonia agradable. Jesús nos manda sumergirnos en agua inmediatamente después de haber nacido de nuevo como declaración que desde ese momento somos sus seguidores (ver Marcos 16:16; Hechos 8:35-38). (Y hasta si has tenido un bautismo ritual a edad temprana, no es irrespetuoso que, como recién nacido, vuelvas a ser bautizado.

Jesús nos manda participar del bautismo en agua porque es algo *espiritualmente dinámico*. Es un ejercicio de obediencia con el cual indicas que te has vuelto de tu pasado a Jesús. Y eso le da alivio a tu alma al desatarte de ataduras del pasado y hacer lugar a la presencia del Espíritu Santo. Cuando te sumerges en las aguas del bautismo, estás anunciando: "mi vida anterior, donde hacía mi propia voluntad ha sido ahogada en estas aguas como si estuviesen enterradas en una tumba". Y algo similar ocurre con la resurrección de Cristo. Cuando emerges del agua, declaras la victoria de la renovación; desde ese momento eliges vivir con Cristo, libre de fracasos y ataduras del pasado (ver Romanos 6:4).

Primero, tienes que buscar un lugar cerca donde seas bautizado, posiblemente en una iglesia a la que asistas con regularidad. Responde al mandamiento de Jesús de ser bautizado, y comparte esa alegre celebración con otros miembros de la familia que te amen y te cuiden en tus primeros pasos de obediencia como cristiano.

Para recibir el impacto espiritual completo del propósito de Cristo para tu bautismo en agua, es necesario que comprendas lo que está pasando. Tienes que venir con un corazón dispuesto y la expectativa de la provisión de Dios para ti. Cuando le obedeces y vienes a él como un niño confiado, abres la puerta para que todo lo que Dios quiere que pase en tu bautismo ¡verdaderamente, pase!

Tu responsabilidad es la obediencia. La responsabilidad de Dios es hacerse cargo de los resultados. En tu bautismo, él será fiel para hacer su trabajo. Será tan fiel contigo como lo ha sido con todos aquellos que han obedecido su mandamiento y se han sumergido en las aguas del bautismo.

ENTENDIENDO EL BAUTISMO EN AGUA

Analicemos más profundamente de qué se trata el bautismo en agua. El rico, pero simple poder de esta experiencia se puede descubrir en la palabra de Dios. Estudiando lo que Dios dice acerca del bautismo podemos evitar la confusión de la vacía tradición que diluye o, meramente, hace un ceremonial de esta experiencia.

El Señor les ha dado a aquellos que lo siguen la ordenanza o mandamiento de tomar las aguas del bautismo seriamente. Como rito o práctica observada en una ceremonia sagrada, debes hacerlo con reverencia.

Pero tu sobriedad no tiene por qué ser sombría, como tu reverencia no tiene por qué ser un frío ritual. Este momento está diseñado por Dios para ser victorioso, alegre y triunfal. Espera sentirte feliz ya que los cielos se regocijan debido a tu obediencia. Al acercarte a este momento sagrado, no te preocupes por ser excesivamente "religioso" como si Dios estuviese observando cuán piadoso puedes ser. Simplemente, ven a las aguas del bautismo listo, alegre y deseoso.

BAUTISMO Y SALVACIÓN

En este punto, tenemos que hacer una clara distinción entre bautismo y salvación.

El bautismo es una afirmación; una declaración positiva, una aseveración. Es una afirmación hecha tanto con la palabra como con el hecho, declarando lo que crees y a quién le has entregado tu vida y tu destino eterno. No es el momento en que te son perdonados todos tus pecados, sino la ocasión en la que tú declaras tu compromiso con Dios. El bautismo por inmersión sigue a la decisión de recibir el regalo de Dios de la salvación por medio del Señor Jesús.

En el bautismo tú declaras que eres salvo por gracia y que eres salvo de la muerte eterna.

> *Mas Dios muestra su amor para con nosotros, en que siendo aún pecadores, Cristo murió por nosotros. Pues mucho más, estando ya justificados en su sangre, por él seremos salvos de la ira. Porque si siendo enemigos, fuimos reconciliados con Dios por la muerte de su Hijo, mucho más, estando reconciliados, seremos salvos por su vida.*
>
> Romanos 5:8-10

También declaras que tu salvación es por gracia, que la recibes sin costo:

Porque por gracia sois salvos, por medio de la fe; y esto no de vosotros, pues es don de Dios; no por obras, para que nadie se gloríe.

Efesios 2:8-9

"Salvos por gracia" significa que el pago para la salvación de todo el mundo es enteramente hecha por el poder de Dios por medio de la vida sin pecado de Jesús, su muerte sacrificial y su maravillosa resurrección. Nuestra participación al recibir el regalo de la salvación se alcanza completamente por nuestra confianza en Cristo, descansando enteramente en lo que él ha hecho.

Al venir a las aguas bautismales, tanto el fundamento para tu regocijo como la esperanza de tu futuro están basados en esta verdad inamovible acerca de tu salvación. Tú declaras la bondad de Dios y su gracia para contigo por medio del sacrificio de su Hijo Jesús.

Por eso cantamos, alabamos y adoramos a Dios cuando nos bautizamos. Y no nos sorprende que quienes comparten con nosotros ese momento estén tan felices con lo que está pasando.

6

La libertad de la familia

Una de las más hermosas palabras en nuestro lenguaje es *libertad*. Aunque el sistema humano frecuentemente corrompe el significado de esta palabra, la Biblia describe una libertad pura que nos libera de la culpa y el poder del pecado abriendo las puertas de la prisión de nuestra alma, entregándonos a un nuevo día donde gobierna Cristo.

El haber nacido en la familia de Dios trae aparejado el privilegio de poder elegir y, como nuevo discípulo del Señor Jesús, las decisiones responsables empiezan con tu obediencia al mandamiento de ser sumergido en agua. Cuando obedeces al mandamiento del bautismo, se cumplen dos cosas: 1) verificas o ratificas tu decisión de recibir a Jesús como Salvador y 2) haces lugar al subsiguiente trabajo en tu vida de romper cadenas de ataduras a tu pasado; él te llena con su amor y su poder.

BAUTISMO POR INMERSIÓN:
UNA RATIFICACIÓN

Ratificar es confirmar o establecer formalmente, indicando su aprobación. Por ejemplo, la ratificación es lo que tú, como ciudadano de una comunidad, haces cuando votas sí a una propuesta de ley.

Al venir a las aguas bautismales, estás tomando acción al decir sí, al estar de acuerdo, al ratificar la palabra de Dios, su ley. Estás aprobando que dependes de su Hijo, el único Salvador del pecado.

> *Porque de tal manera amó Dios al mundo, que ha dado a su Hijo unigénito, para que todo aquel que en él cree, no se pierda, mas tenga vida eterna.*
>
> Juan 3:16

Estás diciendo que crees en la promesa de Cristo de perdonarte y transformarte.

> *De modo que si alguno está en Cristo, nueva criatura es; las cosas viejas pasaron; he aquí todas son hechas nuevas.*
>
> 2 Corintios 5:17

Comprometes tu vida a su Palabra y su camino.

> *El que tiene mis mandamientos y los guarda, ése es el que me ama; y el que me ama, será amado por mi Padre, y yo le amaré, y me manifestaré a él.*
>
> Juan 14:21

Estás abierto al Espíritu Santo de Dios, el cual te llena con su poder y su amor.

Arrepentíos, y bautícese cada uno de vosotros en el nombre de Jesucristo para perdón de los pecados; y recibiréis el don del Espíritu Santo.

Hechos 2:38

Las siguientes declaraciones resumen lo que significa "creer y ser bautizado": estoy ratificando el mandamiento de Dios de poner mi vida en línea con sus leyes espirituales y reconozco la realidad del invisible campo espiritual de su poder y acción. Por fe, tomo seriamente lo que no puedo ver con mis ojos creyendo realmente lo que Dios ha dicho en su Palabra. Reconozco mi sujeción al reino de Dios; me rindo ante el Rey, Jesús el Señor y estoy decidido a caminar de acuerdo a su Palabra, la Biblia. Afirmo la promesa de Cristo de darme el Espíritu Santo para llenar y sobreabundar en mi vida con su poder, ya que esto me da la seguridad de vivir mi fe a diario de manera práctica.

EL BAUTISMO EN AGUA: MUERTE Y RESURRECCIÓN

Uno de los hechos más poderosos del bautismo por inmersión es que establece un punto definido de despedida con la vida anterior a Cristo. La Biblia dice que es el entierro del "viejo hombre", del egoísta, pecador y carnal hombre del pasado.

¿O no sabéis que todos los que hemos sido bautizados en Cristo Jesús, hemos sido bautizados en su muerte? Porque somos sepultados juntamente con él para muerte por el bautismo, a fin de que como Cristo resucitó de los muertos por la gloria del Padre, así también nosotros andemos en vida nueva. Porque si fuimos plantados juntamente con él en la semejanza de su muerte, así también lo seremos en la de su resurrección.

Romanos 6:3-5

Además del entierro, se hace otra comparación para ayudarnos a entender la dimensión práctica del vivir diario bajo el señorío de Jesucristo. *Circuncisión* es un rito del Antiguo Testamento por el cual cada hombre hacía un pacto con Dios. También se aplica en sentido espiritual a todo creyente del Nuevo Testamento en el momento del bautismo en agua.

En él también fuisteis circuncidados con circuncisión no hecha a mano, al echar de vosotros el cuerpo pecaminoso carnal, en la circuncisión de Cristo; sepultados con él en el bautismo, en el cual fuisteis también resucitados con él, mediante la fe en el poder de Dios que le levantó de los muertos.

Colosenses 2:11-12

En otras palabras, en Cristo se lleva a cabo otro tipo de circuncisión cuando el creyente es enterrado con él en las aguas del bautismo. El corte con el pasado de pecado libera al creyente para creer en la habilidad de Dios de actuar en su vida diaria con el poder de la resurrección de Cristo.

Así como el entierro y la circuncisión son ilustraciones, la resurrección no es la que sucederá en el futuro con la segunda venida de Cristo. ¡Es ahora mismo! Es la manera en que Dios nos dice: "¡Si pude levantar a mi Hijo de los muertos por tu pecado, también puedo derramar el poder de su victoriosa vida en ti ahora para que puedas crecer en victoria sobre el pecado y el fracaso!

Esta es una promesa emocionante, una promesa que debemos abrazar por pura y sencilla fe. Cree que Jesús la hará real en tu diaria experiencia. ¡Ya no estarás gobernado por el pecado! Eso no quiere decir que no volverás a pecar por el resto de tu vida sino que el poder de la vida de Cristo en ti te conducirá a una victoria progresiva sobre los antiguos modelos de pecado. Permite que el bautismo sea una línea demarcatoria en tu vida. ¡Levanta un monumento!

Determina, a partir de ese momento, que crecerás en experimentar progresivamente el triunfo de Jesús sobre tu conducta diaria, tu conversación, tus negocios y tus relaciones. El amor y el perdón de Dios son recursos siempre disponibles en caso que falles, pero jamás creamos que su gracia nos da licencia para pecar o ser indulgentes con el pecado. Dios ha provisto una salida de libertad de

la atadura al pecado, y tu bautismo en agua está
diseñado por él para que sea tu entrada a esa
continua victoria.

LIBERACIÓN

En una ocasión estaba al lado de una pareja que
había venido, con otras personas más, a bautizarse. Yo no conocía a la pareja, pero sabía por la
tarjeta bautismal que me habían entregado, que
estaban casados.

Al mirar sus rostros, el Espíritu Santo le habló
a mi corazón: "tienen serios problemas matrimo-
niales debido a hechos inmorales previos a su
casamiento. Háblales. Los liberaré esta noche
mientras se bautizan".

Para evitar avergonzarlos delante de los demás,
los llevé aparte mientras la congregación adoraba
cantando.

—Por favor, no se sientan mal —les dije despa-
cio—. Lo que tengo que decirles no es para condenación sino porque Jesús quiere que estas aguas
bautismales sean aguas de liberación para ustedes
dos. Debo ser directo: el Espíritu Santo acaba de
mostrarme dos cosas con respecto a ustedes. Primero, que han tenido relaciones sexuales antes de
casarse ¿verdad?

Se miraron el uno al otro por un momento, y
luego volvieron a mirarme a mí. Se dieron cuenta
de que yo no los estaba juzgando sino que estaba
tratando de ayudarlos.

—Sí —dijeron al unísono.

—En segundo lugar, están teniendo serias dificultades en su matrimonio que está afectando sus relaciones sexuales.

—Así es —asintieron.

—Escuchen —continué—, el Espíritu Santo no me ha revelado esto para avergonzarlos sino para mostrarles que él está listo para librarlos de las ataduras del pecado del pasado; una atadura que ustedes no pueden romper porque ni siquiera saben que está relacionada con pecados cometidos antes de conocer a Jesús. Ahora mismo, confiésenle a él que renuncian específicamente a su antigua manera de pensar que justificaba esas acciones. Si pueden hacerlo, experimentarán una auténtica liberación al bautizarse esta noche.

Oramos brevemente y nos reunimos con los demás, procediendo al bautismo.

Algunos días después recibí una hermosa carta de la pareja.

Estimado pastor Jack:

No hay palabras para describir el cambio operado en nuestras vidas y en nuestro matrimonio. Se rompieron cadenas invisibles y a nuestro hogar ha entrado el gozo y la libertad, llenando nuestras vidas y nuestra relación.

Gracias por su sensibilidad al Espíritu Santo.

Hace seis meses que hemos nacido de nuevo pero teníamos ciertas dudas a ser bautizados. El perdón que hemos experimentado con nuestra salvación no era me-

nos real, pero nos preguntábamos por qué
no éramos capaces de "poner todo junto".

¡Ahora, Jesús lo ha hecho! La obediencia
al bautismo unida a la presencia y poder del
Espíritu Santo nos ha desatado del pasado
y ha abierto la puerta a una nueva clase de
vida y relación de pareja. ¡Bendito sea su
nombre!

Esta historia verídica no nos sorprende porque
está basada en una verdad bíblica demostrada
dramáticamente en la historia del Antiguo Testamento relatando la huida de Israel de Egipto. El
significado de ese episodio se enseña en el Nuevo
Testamento cuando, al hablar del cruce de Israel
por el Mar Rojo, Pablo dice en 1 Corintios 10:2
que "todos en Moisés fueron bautizados". En
otras palabras, cuando Moisés está sacando a los
israelitas de la esclavitud de Egipto es la sombra
de Cristo sacándonos a nosotros de la esclavitud
del pecado. Moisés fue el instrumento usado por
Dios para ejemplificar proféticamente dos hechos
mayores que nos brinda la salvación de Jesús:

1. *Somos salvos del juicio.* Así como la sangre
del cordero pascual protegía a los hijos de Israel
de la muerte (Éxodo 12:21-23), la sangre de Cristo es la base para nuestra salvación del juicio (ver
Juan 1:29; 1 Pedro 1:18-19).

2. *Somos librados de opresión.* Así como el
paso de los israelitas por el Mar Rojo lograba, tanto
su entrada en un nuevo tiempo y lugar y la destruc-
ción de sus antiguos opresores (ver Éxodo 14:19-

31), al sumergirnos en las aguas bautismales entramos en un nuevo nivel de compromiso y cualquier atadura espiritual con el pasado queda anulada (ver Colosenses 2:12-15).

Al estudiar estas lecciones en la palabra de Dios, vemos claramente que nuestra relación con Cristo involucra una liberación doble. Liberación del juicio del pecado y liberación de su atadura.

Al ser bautizado, tráele a Jesús cualquier hábito desagradable o atadura carnal que puedas tener; ya sean actitudes, relaciones o circunstancias. Preséntale a Jesús cualquier residuo del pasado, ligaduras que te aten a la antigua esclavitud, fracasos o fallas para que él te libere. Él es quien dijo:

> *El Espíritu del Señor está sobre mí, por cuanto me ha enviado para dar buenas nuevas a los pobres; me ha enviado a sanar a los quebrantados de corazón; a pregonar libertad a los cautivos, y vista a los ciegos; a poner en libertad a los oprimidos.*

> Lucas 4:18

Ven en fe a encontrarte con Jesús en las aguas del bautismo y permite que él sea tu Libertador. Él puede; ¡no hay dios que pueda librar como éste! (Daniel 3:29).

7

El enfoque
de la familia

Aquellos que han nacido en la familia de Dios quieren hacer bien las cosas. No se trata de intentar ganar el favor de Dios; él ya nos ha mostrado su favor amándonos y dándonos su perdón y aceptación en Cristo. Es un hecho que cuando el Espíritu Santo viene a morar en una persona, se produce un nuevo enfoque de vida.

La Biblia usa la palabra *justificación* para describir ese enfoque. Y el querer hacer lo que es justo requiere algo más que cumplir con las cosas religiosas, actuando piadosamente o tratando de hacer más buenas obras que los demás. Este deseo por la justicia es otra razón importante para bautizarse lo antes posible después de haber hecho la decisión personal de seguir a Cristo. Tu obediencia al bautizarte te abrirá el camino interior de poder, para andar de acuerdo al enfoque de tu nueva vida.

El mejor lugar para ver de qué manera están conectados el nuevo enfoque de vida y tu bautismo se encuentra en el relato bíblico del bautismo de Jesús que encontramos en Mateo 3.

Juan, cuya comisión hecha por Dios, era llamar a la gente al arrepentimiento, preparando así el camino del Mesías, estaba bautizando a quienes respondían a su prédica. Un día, vino uno diferente a las aguas del Río Jordán donde Juan predicaba. Allí apareció un hombre sin pecado, uno a quien Juan identificó como el "Cordero de Dios que quita el pecado del mundo" (Juan 1:29). La Biblia nos dice cuál fue la respuesta de Juan a la llegada de Jesús para ser bautizado:

Entonces Jesús vino de Galilea a Juan al Jordán, para ser bautizado por él. Mas Juan se le oponía, diciendo: Yo necesito ser bautizado por ti ¿y tú vienes a mí? Pero Jesús le respondió: Deja ahora, porque así conviene que cumplamos toda justicia. Y Jesús, después que fue bautizado, subió luego del agua; y he aquí los cielos le fueron abiertos, y vio al Espíritu de Dios que descendía como paloma, y venía sobre él. Y hubo una voz de los cielos, que decía: este es mi hijo amado, en quien tengo complacencia.

Mateo 3:13-17

Presta atención a las palabras de Jesús: "así conviene (refiriéndose al bautismo) que cumplamos toda justicia" (v.15). Queda bien claro que las aguas del bautismo no lo hacen más santo ya que en él no hay pecado. Del mismo modo, él no te llama a ti a ser bautizado para hacerte más digno. Es tu fe en Cristo el Salvador que establece tu justicia ante Dios; es por medio de la fe que eres perdonado, lavado, renacido, hecho justo y aceptado. Pero Jesús dijo que era necesario hacer algo más para cumplir toda justicia. El plan de Dios para la salvación del hombre cuenta con algo más que la simple restauración del hombre a una posición de santidad a los ojos de Dios.

Podemos ver exactamente lo que Jesús quiso significar observando lo que ocurrió cuando él fue bautizado. Sucedieron tres cosas diferentes y, en cada una de ellas hay una verdad para que te aferres a ella al ser bautizado.

1. *Los cielos se abrieron para él*. Esto no significa que se hizo un surco en el cielo sino que el invisible campo espiritual se hizo más vívido para Cristo dándole una visión espiritual con el propósito de ministrar a otros.

2. *El Espíritu de Dios descendió en forma de paloma*. Esto no quiere decir que a Jesús se le sentó un pájaro en la cabeza o en el hombro sino que la suave pero poderosa presencia de Dios se posó sobre él como un manto de amor, dándole mayor energía espiritual con el propósito de servir a otros.

3. *Una voz del cielo dijo: este es mi Hijo amado en quien tengo complacencia*. Esta declaración

afirma que el Padre se complace con su Hijo quien, durante sus treinta años, no pecó hasta llegar al punto de afirmar que Jesús tiene toda la autoridad de Dios para representar a la raza humana.

Estas tres cosas que Jesús recibió en su bautismo —discernimiento, dinámica y nombramiento— se hicieron con los fines prácticos de vivir y servir. Ninguno de ellos es un misterio. Es más, podemos ver su practicidad en nuestras vidas. Lo vemos en el llamado al bautismo donde Jesús nos invita a compartir la completa dimensión de su propia experiencia de bautismo. Jesús quiere darte *discernimiento* porque quiere que sus seguidores "vean" las cosas espirituales, que perciban la realidad del campo espiritual. Él no quiere que te conviertas en algo místico o sobrenatural sino que quiere que entiendas que el campo espiritual invisible no es menos tangible que el mundo tangible de tus cinco sentidos (ver 1 Corintios 2:10-14).

La *dinámica* que recibirás por medio del bautismo es la llenura del Espíritu Santo. La concepción de Jesús fue por medio del Espíritu Santo, pero fue por el bautismo que fue ungido para su ministerio. De la misma manera, cuando naces de nuevo, naces del Espíritu, pero en el bautismo Jesús quiere proveerte con un sentido completo del poder del Espíritu Santo y su presencia en tu vida.

El *nombramiento* que Cristo quiere darte es el sello del Padre, una clara afirmación que eres suyo, que él está complacido contigo y que te está autorizando a representarlo. Es por esto que Jesús quiere que "se cumpla toda justicia" en cada uno de nosotros, ya que esta justicia, o justificación, se refiere a la capacidad de Dios de hacer las cosas justas. Así como le corresponde a Dios todo el poder que nos salva y nos hace justos con él, es su poder también que nos permite servirle con justicia.

A la luz de estas verdades, puedes ver por qué las aguas del bautismo son tan importantes en el orden de Dios para verificar tu discipulado bajo su liderazgo. Jesús es enfático en cuanto a esto.

El ser bautizado no es cuestión de una actividad de la iglesia o formalismo religioso, sino una respuesta obediente al Maestro. Ya que sus mandamientos no están hechos en el espíritu de un dictador, reflejan sus profundos deseos y sus claras intenciones para que recibamos todo lo que él ha planeado para nosotros. Podemos darnos cuenta de la urgencia de ser bautizados. Jesús nos lo ha ordenado. Seamos rápidos en obedecer. Como le dijo el oficial etíope a Felipe en cuanto encontró un lugar donde ser bautizado. "¡Mira! ¡Agua! ¿Qué impide que yo sea bautizado?" (Hechos 8:36). Él quería ser obediente y coherente con su compromiso con Jesucristo. Y lo fue.

Haz lo mismo. ¡Es una actitud de la escrituras y poderosa! Ven como un niño, como un niño recién nacido del Altísimo Dios Poderoso. Ven como un pecador perdonado, lavado con la sangre de Jesús. Ven como un miembro de la familia, dispuesto a recibir la completa bendición del Espíritu Santo.

Sumérgete en las aguas del bautismo y encuéntrate con Jesús.

(Si tienes alguna otra pregunta en relación al bautismo por inmersión, mira la sección de preguntas y respuestas que hay más adelante.)

8

La llenura de la familia

La palabra de Dios establece claramente la secuencia a nuestra respuesta obediente a Dios, como miembros recién nacidos de su familia. Primero, debemos arrepentirnos, recibir a nuestro Señor Jesucristo como Salvador y ser perdonados del pecado. Segundo, estamos llamados a ser bautizados en agua. Tercero, somos urgidos a recibir el Espíritu Santo y, por medio de él, a ser llenos con la vida de Cristo, su amor y poder.

Un ejemplo de estas tres realidades (ser perdonados, bautizados y llenos de poder) se puede ver en el resumen de las escrituras del nacimiento de la iglesia en Pentecostés (ver Hechos 2:1-29). Las instrucciones para una respuesta correcta a Dios se encuentran en Hechos 2:38. "Arrepentíos, y bautícese cada uno de vosotros en el nombre de Jesucristo para perdón de los pecados; y recibiréis el don del Espíritu Santo".

Esta es una invitación a una experiencia que Jesús quiere para todos nosotros. Él quiere que recibamos el regalo del Espíritu Santo que nos dará poder divino para vivir y servir a Dios diariamente (ver Juan 20:21-22; Hechos 1:8). No somos llamados a sobrevivir espiritualmente como si nuestro único propósito fuese pelear terrenalmente hasta llegar al cielo algún día. Jesús quiere darnos todos los recursos del Espíritu Santo ahora para que tengamos gozo y destreza en nuestro diario vivir. Él quiere que influyamos al mundo que nos rodea de manera significativa y amante. Y esto lo podemos hacer gracias al poder del Espíritu Santo (ver Lucas 24:49; Hechos 1:5; 2:1-4).

ORACIÓN NEOTESTAMENTARIA

Al leer el libro de los Hechos, encontrarás que el recibir y vivir en el poder del Espíritu Santo era el palpitar del corazón en la vida de los primeros creyentes. A todos los creyentes recién nacidos se les inducía a recibir la llenura del Espíritu Santo (Hechos 8:14-17; 19:1-6). Los miembros de la familia se reunían para alabar y adorar, colocando reverentemente las manos sobre la cabeza del nuevo creyente al tiempo que él invitaba a Jesús para que lo llenase con su vida y con su amor. Y entonces, como ahora, Dios contestaba la oración de sus hijos y eran llenos con el Espíritu de amor de Dios.

Esa misma experiencia es nuestra hoy (ver Romanos 5:5) y el mismo poder que recibieron aquellos primeros creyentes —sanar a los enfermos, fortalecer a los débiles en la fe— está disponible para nosotros hoy (ver Juan 20:21-22).

La Biblia nos dice que por medio del Espíritu aquellos primeros creyentes disfrutaron una poderosa dimensión en la oración, la alabanza y la comunicación con el Padre celestial (Hechos 2:4-11; 1 Corintios 14:2).

Jesús profetizó que eso ocurriría y que, por tener su llenura en sus vidas, vencerían los poderes satánicos al tiempo que atenderían con amor a los necesitados (ver Marcos 16:17-18).

Los ejemplos bíblicos dejan en claro que tenemos que animar a los creyentes para que reciban la llenura del Espíritu Santo, así como lo hicieron aquellos que vivieron en los tiempos bíblicos. Esa misma experiencia está disponible para todo creyente en todo momento, hasta el día de hoy. Esta promesa ha estado disponible desde Pentecostés, el día en que nació la Iglesia (ver Hechos 2).

En Pentecostés después que Pedro predicó y explicó las cosas maravillosas que habían ocurrido al derramarse del Espíritu Santo sobre la recién nacida Iglesia, compungidos preguntaron: "¿qué haremos?" Pedro les dijo: "arrepentíos y bautícese cada uno de vosotros en el nombre de Jesucristo para perdón de los pecados". A continuación les dio la promesa: "y recibiréis el don del Espíritu Santo" (Hechos 2:37-38).

¡Observa esto! ¡La Iglesia tenía unas horas de nacida y ya estaba comenzando una segunda generación de nuevos creyentes! Sobre estos creyentes, fieles al deseo de Cristo para su Iglesia, era la promesa del mismo derramamiento del Espíritu y la misma llenura habían recibido los apóstoles en el aposento alto el día de Pentecostés (Hechos 1:12-2:36).

Escucha a Pedro animándolos a recibir la llenura del Espíritu: "porque para vosotros es la promesa y para vuestros hijos" (Hechos 2:39). Lo que está diciendo es: "pueden tener lo que han probado". De la misma manera en que Jesús nos envió el mismo Espíritu que se posó sobre él con bendición y poder, asimismo, ustedes pueden tener la misma fuente para la llenura de Dios". Y ese mismo mensaje de la palabra de Dios despierta nuestra fe hoy día.

Mira lo que sigue diciendo Pedro: "...y para todos los que están lejos; para cuantos el Señor nuestro Dios llamare". La expresión: "para todos los que están lejos" te incluye a ti y a mí y a todo aquel que responda al llamado de Dios al arrepentimiento y fe en su Hijo Jesús, a recibir el amor, la vida y el poder de su Espíritu Santo.

Muchos años después, en la ciudad de Éfeso, Pablo hizo el mismo ofrecimiento que había hecho Pedro. Por lo tanto, podemos ver que la promesa del poder del Espíritu Santo no estaba —no está— limitada a ningún período en particular.

Pablo se reunió con un grupo de creyentes sinceros que todavía no habían llegado a tener un completo entendimiento del amplio espectro de vida que Jesús nos da (Hechos 19:1-6). Él les preguntó: "recibisteis el Espíritu Santo cuando creísteis?" (Hechos 19:2).

Ellos respondieron: "ni siquiera hemos oído si hay Espíritu Santo", indicando con esto que no sabían las dinámicas posibilidades disponibles para ellos por medio del Señor Jesús. Entonces, Pablo los instruye, los bautiza y los anima a recibir la llenura del Espíritu Santo. Ellos hicieron lo que él les mandó y experimentaron el mismo hermoso gozo que habían vivido los creyentes de Pentecostés años atrás. Una lengua dada por Dios para alabar brotó de sus corazones renovados.

Más tarde, escribiéndoles a estos mismos creyentes (los efesios), Pablo se refiere a esta ocasión en que recibieron la llenura del Espíritu Santo y dice: "En él también vosotros, habiendo oído la palabra de verdad, el evangelio de vuestra salvación, y habiendo creído en él, fuisteis sellados con el Espíritu Santo de la promesa" (Efesios 1:13).

En este pasaje de la Escritura, sobresalen tres cosas: la "marca" o "sello" de estos creyentes vino después de haber creído en Cristo; sucedió en armonía con el bautismo en agua, y recibieron esta experiencia al ser llenos del Espíritu Santo.

Este pasaje nos da una secuencia que nos hace pensar en nuestra propia vivencia. Jesús quiere sellarnos a todos los creyentes con el Espíritu Santo y llenar nuestras vidas con su amor y su poder.

Los sellos siempre se han usado por las autoridades para darle autenticidad a los documentos poniéndole la marca de propiedad. Lo mismo

sucede cuando naces en las aguas del bautismo y
eres lleno con el Espíritu que Jesús quiere que
tengas. Jesús te estampa su sello y su propósito
para tu vida. Como lo dijo el compositor de un
himno:

Oh, ser como tú,
Oh, ser como tú,
¡Bendito Redentor, puro como tú!
Ven con tu dulzura, ven con tu llenura,
Estampa tu imagen en lo más hondo
    de mi corazón.

Thomas O. Chisholm

Una vez abierto tu corazón al Salvador y bautizado en obediencia a su mandamiento, puedes
pedirle que te llene con el Espíritu Santo.

SER LLENO CON EL ESPÍRITU SANTO

Jesús dijo que aquellos que anhelaban tener la
llenura de Dios, la recibirían (Mateo 5:6; Lucas
11:11-13).

Cuando tú obedeces sus mandamientos, te arre-
pientes y eres bautizado, tienes motivos bíblicos
para creer en la promesa de Jesús: "recibiréis el
don del Espíritu Santo" (Hechos 2:38).

Ven a Jesús y pídele que te llene con el Espíritu
Santo de la misma manera en que lo hizo con los
primeros creyentes. Pídele a tus hermanos creyentes que oren contigo alabando a Dios juntos. La
alabanza abre un lugar en nuestra alma para que

se mueva el Espíritu Santo. Dios nos creó para alabarlo y su Palabra nos promete bendiciones al hacerlo. ¡Alaba!

Entra en la intimidad, bendición y gozo de la llenura que el Señor Jesús ha prometido para cada uno de los miembros de la familia de Dios.

9

El futuro
de la familia

Hay una promesa en la Biblia que conmueve el corazón de cada persona que ha llegado a conocer al Señor Jesucristo como Salvador. Cristo la dio él mismo:

No se turbe vuestro corazón; creéis en Dios, creed también en mí. En la casa de mi Padre muchas moradas hay; si así no fuera, yo os lo hubiera dicho; voy, pues, a preparar lugar para vosotros. Y si me fuere y os preparare lugar, vendré otra vez y los tomaré a mí mismo, para que donde yo estoy, vosotros también estéis. Y sabéis a dónde voy, y sabéis el camino.

Juan 14:1-4

¡Jesús promete venir de nuevo! Él nos promete a todos que, aunque nos alcance la muerte antes

de su venida del cielo, todos estaremos con el
Señor eternamente:

> *Por lo cual os decimos esto en palabra
> del Señor: que nosotros que vivimos,
> que habremos quedado hasta la venida
> del Señor, no precederemos a los que
> durmieron. Porque el Señor mismo con
> voz de mando, con voz de arcángel, y
> con trompeta de Dios, descenderá del
> cielo; y los muertos en Cristo resucita-
> rán primero. Luego nosotros los que
> vivimos, los que hayamos quedado, se-
> remos arrebatados juntamente con
> ellos en las nubes para recibir al Señor
> en el aire, y así estaremos siempre con
> el Señor. Por tanto, alentaos los unos a
> los otros con estas palabras.*
>
> 1 Tesalonicenses 4:15-18

Cuando pasajes como este van junto a la profe-
cía bíblica que vemos realizarse a nuestro alrededor, nos sirven como fuerte evidencia que estamos
viviendo en un momento en el cual nuestros corazones deben estar expectantes y listos para el
regreso de Cristo.

Este hecho —el regreso de nuestro Salvador—
siempre ha sido la anticipada esperanza jubilosa
de todo creyente. Nuestra vida no es algo sin
sentido, sino que apunta a una vida de servicio a
Cristo aquí y una eternidad con él.

En realidad, podemos llamarnos "la familia
eterna de Dios". En esa familia acabas de nacer.

Ahora que has avanzado en la lectura de este libro, espero que estés siguiendo los pasos que te indica, ya que la guía es de Dios y no mía.

Como resumen, te daré una lista para que, como recién nacido, le prestes atención a las cosas básicas que te aseguran un fuerte comienzo y un crecimiento saludable en tu vida con Cristo:

1. Escribe la fecha en que recibiste a Jesús como tu Salvador:

_____

2. Recuerda las siete grandes cosas que Dios ya ha hecho por ti como consecuencia de haber nacido de nuevo (ver páginas 9 y 10).

3. Asegúrate de alimentarte regularmente con la palabra de Dios, empezando con el evangelio de Juan que se incluye al final de este libro.

4. No dejes que nada se interponga en el compañerismo con los hermanos y hermanas que encuentras en la iglesia que has hecho tu hogar.

5. Escribe la fecha de tu bautismo en agua.

_____

6. Escribe la fecha en que le pediste al Señor Jesús que te llenara con el Espíritu Santo:

_____

7. Deténte conmigo ahora mismo y unámonos en alabanza, regocijándonos en el Señor Jesucristo, quien nos salvó, nos llenó con su Espíritu Santo y nos prometió volver para que viviésemos con él eternamente.

¡Hasta entonces!

Preguntas acerca del bautismo por inmersión

En mis años de ministerio pastoral, me hicieron muchas preguntas comunes relacionadas con el bautismo por inmersión. Estas preguntas, y las respuestas que, tanto yo, como mis colaboradores hemos dado, las hemos puesto en una lista que esperamos te ayuden en tu estudio.

¿Qué debo hacer si fui bautizado de bebé o de niño? ¿Me debo volver a bautizar de adulto?

Esta pregunta requiere una respuesta sensitiva, ya que es una experiencia común para muchos creyentes sinceros. La llave para una clara respuesta está en establecer cuál fue la razón del bautismo temprano y qué significó. Esto varía ampliamente de una familia a otra.

Primero, si tus padres te bautizaron o cristianizaron siendo un bebé, debes estar agradecido. Cualquiera haya sido el grado de entendimiento

que hayan tenido, hay dos cosas bien claras: a
ellos les importaba tu bienestar espiritual y Dios
escuchó las oraciones de sus corazones.

Digo "Dios escuchó" porque tú estás aquí,
respondiendo a su Hijo, Jesucristo, y recibiéndolo
como Salvador. Más allá del entendimiento que
hayan tenido tus padres, el hecho que tú seas
sensible a las cosas espirituales que Dios desea
para ti, es evidencia de su fidelidad al honrar los
actos de tus padres o guardianes.

El que quieras ser bautizado ahora, por tu propia decisión, como un acto de tu voluntad, no es
inconsecuente con el amante interés que esas personas tuvieron contigo cuando eras niño. Obedecer el mandato de Cristo de bautizarte al aceptarlo
como Señor y Salvador, no es un rechazo al amor
o sinceridad de tu bautismo temprano. Pero, no
bautizarte por suponer que las acciones tomadas
por tus padres o guardianes sustituyen tu obediencia es malinterpretar la palabra de Dios.

En Hechos 2:38 leemos: "Arrepentíos y bautícese
cada uno". Esto muestra una secuencia: la decisión de
darle la espalda al pecado y volverse a Cristo es
seguida por el bautismo y no precedida por él.

Ese mismo principio puede aplicarse al bautismo a edad temprana. Una mujer dijo: "Cuando
era adolescente, fui a un campamento de verano
donde me bautizaron. Pero en aquel entonces no
entendía la realidad de Cristo como la entiendo
ahora". Un joven dijo: "Estaba en la playa
con unos amigos cuya iglesia estaba teniendo un
servicio de bautismo allí. Me conmoví por lo que

vi y cuando me preguntaron si yo también quería ser bautizado, consentí. Fui sincero, pero no comprendí realmente lo que era el bautismo como lo entiendo ahora que conozco a Jesús de manera más personal".

Cada una de estas personas fueron bautizadas dos veces, pero su bautismo, como creyentes maduros fue en el momento de rendirse a Cristo como Señor y Salvador. El segundo bautismo es bíblico, no porque niegue o rescinda el significado de la experiencia temprana, sino porque esta gente ha reconocido que, si bien estaban abiertos a Dios en su primer bautismo, no entendían completamente el significado de recibir a Cristo como Salvador.

Entonces, como el bautismo es una consecuencia del arrepentimiento que resulta de la fe puesta en lo que Jesús ha hecho para salvarnos, cualquier bautismo anterior, aunque haya sido sincero, no se considera el bautismo al que Jesús nos llama como discípulos (ver Mateo 28:19-20).

Hebreos 6:2 afirma claramente que el fundamento de la enseñanza del Nuevo Testamento encierra la "doctrina de bautismos". ¿Qué significa esto y por qué se menciona "bautismos", en plural, en este pasaje?

En este pasaje se usa bautismos, en plural, porque la iglesia primitiva enseñaba, como debiéramos hacerlo hoy, un bautismo tripartito en el creyente. Los tres bautismos son: el bautismo en el cuerpo, o familia de Jesucristo; el bautismo en el agua por la fe en Jesucristo y el bautismo en el Espíritu Santo por Jesucristo.

Cada bautismo es diferente y requiere que el creyente tome una decisión. En Cristo los tres son uno, no existe contradicción alguna entre los "bautismos" de Hebreos 6:2 y el bautismo de Efesios 4:5.

El primer bautismo, en el cuerpo de Cristo, se hace por el Espíritu Santo. Es él quien nos lleva a Cristo, quien nos hace nuevos por la fe en Cristo al responder y arrepentirnos, y quien luego nos pone o nos bautiza en el cuerpo de Cristo. Así es como llegamos a formar parte redimida de la iglesia viviente. Al "sumergirnos" en Cristo estamos siendo uno con nuestro Señor y su pueblo.

El segundo bautismo, el bautismo en agua, lo realiza el liderazgo espiritual o pastoral de la iglesia. Como ya hemos mencionado, se requiere este bautismo de acuerdo con el mandamiento bíblico y el ejemplo que tenemos en la Biblia (ver Hechos 2:41; 8:12: 9:18; 10:48; 16:33; 18:8). Y el potencial del auténtico poder espiritual de lo que se nos promete al bautizarnos en agua hace que el bautismo sea algo más que un ritual y, ciertamente, no es opcional.

El tercer bautismo, el bautismo en el Espíritu Santo, lo hace el mismo Jesucristo. "Jesús bautiza con el Espíritu Santo" (Juan 1:33). El Padre le ha dado la autoridad para enviar el Espíritu Santo (ver Hechos 2:33) Tanto Jesús como Juan a esto lo llamaron el bautismo en el Espíritu Santo (Hechos 1:5). Y así como Jesús les dio a sus discípulos este poder, nos llama a cada uno de nosotros para recibirlo en el día de hoy (ver Juan 20:22; Lucas 24:49).

¿Por qué nos tenemos que bautizar por inmersión?

Inmersión —sumergir todo el cuerpo en agua— es la práctica que seguimos porque ese es el significado del verbo griego *bapto, baptizo* que se usa en el Nuevo Testamento al decir *bautismo*. De acuerdo con el *Diccionario Teológico del Nuevo Testamento* de Gerhard Kittel, este verbo se usaba regularmente de manera inequívoca para indicar una inmersión total y completa. Se usaba la palabra *bapto* para indicar que un barco se había hundido completamente bajo el agua, o cuando se teñía una tela, indicando que había que sumergirla por completo para que absorbiera el nuevo color. Más intenso aun, es el retrato que nos da la Biblia al decir que es un entierro, en el cual, por supuesto, el cuerpo queda completamente cubierto (Romanos 6:3-5).

¿Qué otras formas de bautismo se usan en la iglesia? ¿Qué piensa de ellas?

Otras formas son la aspersión y la efusión (se echa agua en la cabeza de quien se bautiza). Estas dos formas de bautismo son ampliamente practicadas. Hasta algunas iglesias, le preguntan al candidato cuál de ellas prefiere. Y, cuando de bautismos de niños se trata, vemos las distintas formas en que se practica, exceptuando la inmersión.

Aunque estoy convencido de la importancia del bautismo por inmersión y que éste debe ser el método empleado, no me opongo a quienes realizan el bautismo de otra manera. El método del bautismo no es tan importante como el hecho de que el candidato haya recibido verdaderamente a Cristo y haya reconocido el señorío de Cristo en su vida. Algunos miembros de nuestro cuerpo ministerial han rociado con agua a un enfermo agonizante o a un inválido cuando pidieron ser bautizados. Pero también, ante su pedido y con la autorización de los médicos, hemos llevado algunos inválidos o moribundos hasta un lugar de inmersión y los hemos sumergido en la piscina o el bautisterio.

¿Qué es la "regeneración bautismal"?

La regeneración bautismal es una enseñanza basada en la creencia que, en el momento en que una persona es bautizada en agua, automáticamente "nace de nuevo" (se regenera) o "es salva". Esta enseñanza se toma del pasaje de Marcos 16:16 y Juan 3:5, pero no se sostiene mucho cuando se comparan estos pasajes en el contexto de toda la Escritura.

La regeneración bautismal es una creencia en la que se basan aquellos que bautizan niños o por quienes están preocupados por la muerte antes del bautismo, como si el acto del bautismo consiguiese la salvación.

No queremos discutir sobre el tema de la regeneración bautismal, aunque la aplicación general de esta práctica pareciera empañar los requisitos de arrepentimiento y fe para la salvación. Muchas personas que observan esta práctica creen sinceramente que el Espíritu Santo cumplirá la promesa por haberse bautizado. Pero, desafortunadamente, también hay gente que cree que su bautismo establece su salvación eterna, lo que no es cierto.

Hay personas que han sido bautizadas de niños y han crecido en los caminos del Señor creyendo que el bautismo temprano tiene algo que ver con su vida o su fe. Entre estas personas se encuentran aquellas que no recuerdan un punto en sus vidas donde hayan "aceptado a Cristo" pero que siempre "han amado al Señor" o han "creído en Jesús". ¿Y quién puede negar la posibilidad de que la raíz de su fe se haya establecido en su bautismo de bebé o de niño?

Algunas veces, esas personas pueden preguntar ¿debo bautizarme de adulto? Mi respuesta es siempre la misma. Primero, le hago la pregunta: ¿Por qué lo pregunta? Segundo, le doy la directiva: Dígale a Jesús que se lo diga; él es su Señor.

Su respuesta, generalmente, es la misma: hacen la pregunta porque tienen dudas acerca de la validez del bautismo temprano. Con oración, generalmente descubren que el Espíritu Santo los estaba urgiendo a obedecer el mandamiento de Dios de volverse de sus pecados y ser bautizados. Hacerlo en la secuencia que enseña la palabra de Dios.

¿Qué pasa con aquellos que temen la validez del bautismo que no está hecho, específicamente, en el nombre de Jesús?

Todas las ordenanzas de Dios tienen un toque de temor que involucra un sincero tradicionalismo con insuficiente base bíblica. Esta pregunta en particular, generalmente la hacen uno o dos grupos. Las personas que reducen el significado del bautismo a Hechos 2:38 y 10:48 a una fórmula legal, o las personas que insisten en la fórmula "en el nombre de Jesús" porque no creen en la santa Trinidad.

El primer grupo responde a las mismas palabras de Jesús en Juan 6:63, donde él declara que toda verdad se entiende y se vive mejor en el espíritu de esa verdad. Pablo dice lo mismo en 2 Corintios 3:6, donde advierte acerca del poder muerto de la letra.

El segundo grupo declara que la instrucción de Jesús de bautizarse "en el nombre del Padre, del Hijo y del Espíritu Santo" es politeísta; se adora a varios dioses. Pero Jesús dejó bien clara la unidad de Dios (Marcos 12:29) y declara la verdad de la Trinidad en Mateo 28:19. (Nota que estas palabras son instrucciones específicas de Jesús acerca de cómo debe realizarse el bautismo y qué debe decirse. Durante siglos los creyentes han usado esa declaración.)

Es de ayuda comprender que el significado bíblico de "en el nombre de" significa "Bajo la autoridad, de acuerdo a los méritos con relación al carácter de". Cuando una persona confiesa a

Jesucristo como su Salvador y es bautizada de acuerdo al mandamiento de Jesús: "en el nombre del Padre, del Hijo y del Espíritu Santo", está actuando precisamente de acuerdo al concepto "en el nombre de". Y está haciendo lo que Jesús dijo, de la manera que Jesús dijo que se hiciera.

Una persona que se ha bautizado después de adulta, conscientemente ¿debe rebautizarse?

No hay nada que decir en contra de esta práctica, aunque no hay que fomentarla. Existen algunas situaciones que han hecho que las personas volvieran a bautizarse. Por ejemplo, algunas personas han pedido, y recibido, un segundo bautismo 1) después de haber pasado un largo período de desobediencia a Jesús; 2) al reconocer la dimensión de su fe y compromiso a Cristo, lo que los ha llevado a responder con una expresión externa de una nueva visión hacia la vida; 3) cuando una pareja se ha reconciliado, o uno de los dos viene al Señor en época tardía y ambos sienten el deseo de ser bautizados juntos.

Estos temas no se resuelven con la ley o un texto que lo compruebe, sino con el corazón de un discípulo. El ser rebautizado puede ser una experiencia completa si el Espíritu Santo está, verdaderamente, haciendo algo especial en tu corazón.

Pero rebautizarse por superstición o religiosidad es siempre algo improductivo y, muchas veces destructivo.

¿Quién debe sumergir en el agua al que se bautiza?

Todos los casos de bautismo que encontramos en la Biblia tienen este común denominador: se realizan bajo autoridad. Tanto la persona que realiza el bautismo de creyentes como las razones, se consideran importantes. Jesús dirigió a sus discípulos; Juan dice que él bautizaba porque había sido comisionado para ello; y la Biblia muestra que los apóstoles, los evangelistas y los ancianos, bautizaban. (La palabra bíblica "ancianos", significa gente reconocida como líder, de carácter consecuente y fiel a su iglesia local.)

En algunas ocasiones ha habido casos de sinceras, pero erróneas prácticas de bautismo, donde la gente se ha bautizado impulsivamente, o "se han bautizado los unos a los otros" pensando que "cualquier creyente puede hacerlo". Aunque no quiero insistir en controlar jerárquicamente las aguas del bautismo, sí quiero hacer esta observación general: Jesús quiere que el poder del Espíritu Santo se manifieste y asista en el momento del bautismo. Y esto pasará cuando un líder con experiencia y maduro en el cuerpo de Cristo realiza el bautismo.

¿Existe alguna manera especial en la que puedo ser bautizado que no requiera que mi cabeza se sumerja bajo el agua? Le tengo un miedo espantoso a eso.

Para algunos, esta puede ser una peculiar y hasta graciosa pregunta, pero para muchas personas es algo muy preocupante.

(Nuestro cuerpo pastoral se ha encontrado con casos como estos en varias ocasiones.) A no ser que no puedas sumergirte en agua por razones médicas, te aconsejamos vivamente que permitas a ancianos o pastores sensibles y llenos del Espíritu Santo a bautizarte por inmersión. Recuerda que hemos discutido acerca de las aguas del bautismo como un punto frecuente de liberación. En estas ocasiones es cuando espero ver a la persona, no sólo yendo obedientemente a las aguas, sino que espero que sean liberadas de "ataduras de temor" también (Romanos 8:15).

La Biblia dice: "Porque no nos ha dado Dios espíritu de cobardía, sino de poder, de amor, y de dominio propio" (2 Timoteo 1:7) y: "en el amor no hay temor, sino que el perfecto amor echa fuera el temor; porque el temor lleva en sí castigo. De donde el que teme, no ha sido perfeccionado en el amor" (1 Juan 4:18).

Estos dos versículos nos muestran la fuente de la atadura y la forma de liberarse. La fuente es "el espíritu". No estamos luchando contra algo psicológico sino con una opresión espiritual. El método de liberación puede ser la paciente y amorosa ministración del agua bautismal y la liberación.

Propongo que reúna bondad y comprensión en una oración con autoridad donde se declare dominio sobre el espíritu de temor invocando el poder en el nombre de Jesús e invitando la presencia del

Espíritu Santo. ¡Aquellos que lo pidan en obediencia y fe recibirán liberación y victoria!

Preferiría un bautismo privado ya que me siento asustado y avergonzado delante de la gente. ¿Está bien?

En la Biblia existen ejemplos de bautismos con
un reducido número de personas o bautismos
privados (ver Hechos 8:36-38; 16:25-34).

De todas maneras, como regla general, yo reco-
miendo que la persona que pide un bautismo
privado tenga una entrevista pastoral para ver si
necesita liberarse de temores. Tanto el temor
como el orgullo son las maneras escondidas en
que son engañados algunos verdaderos creyentes.
Todo espíritu que le quite lugar al dominio completo de Cristo y su gloria en nuestras vidas debe
ser confrontado con amor y autoridad.

El santo evangelio según San Juan

1 En el principio era el Verbo, y el Verbo era con Dios, y el Verbo era Dios.

2 Este era en el principio con Dios.

3 Todas las cosas por él fueron hechas, y sin él nada de lo que ha sido hecho, fue hecho.

4 En él estaba la vida, y la vida era la luz de los hombres.

5 La luz en las tinieblas resplandece, y las tinieblas no prevalecieron contra ella.

6 Hubo un hombre enviado de Dios, el cual se llamaba Juan.

7 Este vino por testimonio, para que diese testimonio de la luz, a fin de que todos creyesen por él.

8 No era él la luz, sino para que diese testimonio de la luz.

9 Aquella luz verdadera, que alumbra a todo hombre, venía a este mundo.

10 En el mundo estaba, y el mundo por él fue hecho; pero el mundo no le conoció.

11 A lo suyo vino, y los suyos no le recibieron.

12 Mas a todos los que le recibieron, a los que creen en su nombre, les dio potestad de ser hechos hijos de Dios;

13 los cuales no son engendrados de sangre, ni de voluntad de carne, ni de voluntad de varón, sino de Dios.

14 Y aquel Verbo fue hecho carne, y habitó entre nosotros (y vimos su gloria, gloria como del unigénito del Padre), lleno de gracia y de verdad.

15 Juan dio testimonio de él, y clamó diciendo: Este es de quien yo decía: El que viene después de mí, es antes de mí; porque era primero que yo.

16 Porque de su plenitud tomamos todos, y gracia sobre gracia.

17 Pues la ley por medio de Moisés fue dada, pero la gracia y la verdad vinieron por medio de Jesucristo.

18 A Dios nadie le vio jamás; el unigénito Hijo, que está en el seno del Padre, él le ha dado a conocer.

Testimonio de Juan el Bautista
(Mt. 3.11-12; Mr. 1.7-8; Lc. 3.15-17)

19 Este es el testimonio de Juan, cuando los judíos enviaron de Jerusalén sacerdotes y levitas para que le preguntasen: ¿Tú, quién eres?

20 Confesó, y no negó, sino confesó: Yo no soy el Cristo.

21 Y le preguntaron: ¿Qué pues? ¿Eres tú Elías? Dijo: No soy. ¿Eres tú el profeta? Y respondió: No.

22 Le dijeron: ¿Pues quién eres? para que demos respuesta a los que nos enviaron. ¿Qué dices de ti mismo?

23 Dijo: Yo soy la voz de uno que clama en el desierto: Enderezad el camino del Señor, como dijo el profeta Isaías.

24 Y los que habían sido enviados eran de los fariseos.

25 Y le preguntaron, y le dijeron: ¿Por qué, pues, bautizas, si tú no eres el Cristo, ni Elías, ni el profeta?

26 Juan les respondió diciendo: Yo bautizo con agua; mas en medio de vosotros está uno a quien vosotros no conocéis.

27 Este es el que viene después de mí, el que es antes de mí, del cual yo no soy digno de desatar la correa del calzado.

28 Estas cosas sucedieron en Betábara, al otro lado del Jordán, donde Juan estaba bautizando.

El Cordero de Dios

29 El siguiente día vio Juan a Jesús que venía a él, y dijo: He aquí el Cordero de Dios, que quita el pecado del mundo.

30 Este es aquel de quien yo dije: Después de mí viene un varón, el cual es antes de mí; porque era primero que yo.

31 Y yo no le conocía; mas para que fuese manifestado a Israel, por esto vine yo bautizando con agua.

32 También dio Juan testimonio, diciendo: Vi al Espíritu que descendía del cielo como paloma, y permaneció sobre él.

33 Y yo no le conocía; pero el que me envió a bautizar con agua, aquél me dijo: Sobre quien veas descender el Espíritu y que permanece sobre él, ése es el que bautiza con el Espíritu Santo.

34 Y yo le vi, y he dado testimonio de que éste es el Hijo de Dios.

Los primeros discípulos

35 El siguiente día otra vez estaba Juan, y dos de sus discípulos.

36 Y mirando a Jesús que andaba por allí, dijo: He aquí el Cordero de Dios.

37 Le oyeron hablar los dos discípulos, y siguieron a Jesús.

38 Y volviéndose Jesús, y viendo que le seguían, les dijo: ¿Qué buscáis? Ellos le dijeron: Rabí (que traducido es, Maestro), ¿dónde moras?

39 Les dijo: Venid y ved. Fueron, y vieron donde moraba, y se quedaron con él aquel día; porque era como la hora décima.

40 Andrés, hermano de Simón Pedro, era uno de los dos que habían oído a Juan, y habían seguido a Jesús.

41 Este halló primero a su hermano Simón, y le dijo: Hemos hallado al Mesías (que traducido es, el Cristo).

42 Y le trajo a Jesús. Y mirándole Jesús, dijo: Tú eres Simón, hijo de Jonás; tú serás llamado Cefas (que quiere decir, Pedro).

Jesús llama a Felipe y a Natanael

43 El siguiente día quiso Jesús ir a Galilea, y halló a Felipe, y le dijo: Sígueme.

44 Y Felipe era de Betsaida, la ciudad de Andrés y Pedro.

45 Felipe halló a Natanael, y le dijo: Hemos hallado a aquél de quien escribió Moisés en la ley, así como los profetas: a Jesús, el hijo de José, de Nazaret.

46 Natanael le dijo: ¿De Nazaret puede salir algo de bueno? Le dijo Felipe: Ven y ve.

47 Cuando Jesús vio a Natanael que se le acercaba, dijo de él: He aquí un verdadero israelita, en quien no hay engaño.

48 Le dijo Natanael: ¿De dónde me conoces? Respondió Jesús y le dijo: Antes que Felipe te llamara, cuando estabas debajo de la higuera, te vi.

49 Respondió Natanael y le dijo: Rabí, tú eres el Hijo de Dios; tú eres el Rey de Israel.

50 Respondió Jesús y le dijo: ¿Porque te dije: Te vi debajo de la higuera, crees? Cosas mayores que estas verás.

51 Y le dijo: De cierto, de cierto os digo: De aquí adelante veréis el cielo abierto, y a los ángeles de Dios que suben y descienden sobre el Hijo del Hombre.

Las bodas de Caná

2 Al tercer día se hicieron unas bodas en Caná de Galilea; y estaba allí la madre de Jesús.

2 Y fueron también invitados a las bodas Jesús y sus discípulos.

3 Y faltando el vino, la madre de Jesús le dijo: No tienen vino.

4 Jesús le dijo: ¿Qué tienes conmigo, mujer? Aún no ha venido mi hora.

5 Su madre dijo a los que servían: Haced todo lo que os dijere.

6 Y estaban allí seis tinajas de piedra para agua, conforme al rito de la purificación de los judíos, en cada una de las cuales cabían dos o tres cántaros.

7 Jesús les dijo: Llenad estas tinajas de agua. Y las llenaron hasta arriba.

8 Entonces les dijo: Sacad ahora, y llevadlo al maestresala. Y se lo llevaron.

9 Cuando el maestresala probó el agua hecha vino, sin saber él de dónde era, aunque lo sabían los sirvientes que habían sacado el agua, llamó al esposo,

10 y le dijo: Todo hombre sirve primero el buen vino, y cuando ya han bebido mucho, entonces el inferior; mas tú has reservado el buen vino hasta ahora.

11 Este principio de señales hizo Jesús en Caná de Galilea, y manifestó su gloria; y sus discípulos creyeron en él.

12 Después de esto descendieron a Capernaum, él, su madre, sus hermanos y sus discípulos; y estuvieron allí no muchos días.

Jesús purifica el templo
(Mt. 21.12-13; Mr. 11.15-18: Lc. 19.45-46)

13 Estaba cerca la pascua de los judíos; y subió Jesús a Jerusalén,

14 y halló en el templo a los que vendían bueyes, ovejas y palomas, y a los cambistas allí sentados.

15 Y haciendo un azote de cuerdas, echó fuera del templo a todos, y las ovejas y los bueyes; y esparció las monedas de los cambistas, y volcó las mesas;

16 y dijo a los que vendían palomas: Quitad de aquí esto, y no hagáis de la casa de mi Padre casa de mercado.

17 Entonces se acordaron sus discípulos que está escrito: El celo de tu casa me consume.

18 Y los judíos respondieron y le dijeron: ¿Qué señal nos muestras, ya que haces esto?

19 Respondió Jesús y les dijo: Destruid este templo, y en tres días lo levantaré.

20 Dijeron luego los judíos: En cuarenta y seis años fue edificado este templo, ¿y tú en tres días lo levantarás?

21 Mas él hablaba del templo de su cuerpo.

22 Por tanto, cuando resucitó de entre los muertos, sus discípulos se acordaron que había dicho esto; y creyeron la Escritura y la palabra que Jesús había dicho.

Jesús conoce a todos los hombres

23 Estando en Jerusalén en la fiesta de la pascua, muchos creyeron en su nombre, viendo las señales que hacía.

24 Pero Jesús mismo no se fiaba de ellos, porque conocía a todos,

25 y no tenía necesidad de que nadie le diese testimonio del hombre, pues él sabía lo que había en el hombre.

Jesús y Nicodemo

3 Había un hombre de los fariseos que se llamaba Nicodemo, un principal entre los judíos.

2 Este vino a Jesús de noche, y le dijo: Rabí, sabemos que has venido de Dios como maestro; porque nadie puede hacer estas señales que tú haces, si no está Dios con él.

3 Respondió Jesús y le dijo: De cierto, de cierto te digo, que el que no naciere de nuevo, no puede ver el reino de Dios.

4 Nicodemo le dijo: ¿Cómo puede un hombre nacer siendo viejo? ¿puede acaso entrar por segunda vez en el vientre de su madre, y nacer?

5 Respondió Jesús: De cierto, de cierto te digo, que el que no naciere de agua y del Espíritu, no puede entrar en el reino de Dios.

6 Lo que es nacido de la carne, carne es; y lo que es nacido del Espíritu, espíritu es.

7 No te maravilles de que te dije: Os es necesario nacer de nuevo.

8 El viento sopla de donde quiere, y oyes su sonido; mas ni sabes de dónde viene, ni a dónde va; así es todo aquel que es nacido del Espíritu.

9 Respondió Nicodemo y le dijo: ¿Cómo puede hacerse esto?

10 Respondió Jesús y le dijo: ¿Eres tú maestro de Israel, y no sabes esto?

11 De cierto, de cierto te digo, que lo que sabemos hablamos, y lo que hemos visto, testificamos; y no recibís nuestro testimonio.

12 Si os he dicho cosas terrenales, y no creéis, ¿cómo creeréis si os dijere las celestiales?

13 Nadie subió al cielo, sino el que descendió del cielo; el Hijo del Hombre, que está en el cielo.

14 Y como Moisés levantó la serpiente en el desierto, así es necesario que el Hijo del Hombre sea levantado,

15 para que todo aquel que en él cree, no se pierda, mas tenga vida eterna.

De tal manera amó Dios al mundo

16 Porque de tal manera amó Dios al mundo, que ha dado a su Hijo unigénito, para que todo aquel que en él cree, no se pierda, mas tenga vida eterna.

17 Porque no envió Dios a su Hijo al mundo para condenar al mundo, sino para que el mundo sea salvo por él.

18 El que en él cree, no es condenado; pero el que no cree, ya ha sido condenado, porque no ha creído en el nombre del unigénito Hijo de Dios.

19 Y esta es la condenación: que la luz vino al mundo, y los hombres amaron más las tinieblas que la luz, porque sus obras eran malas.

20 Porque todo aquel que hace lo malo, aborrece la luz y no viene a la luz, para que sus obras no sean reprendidas.

21 Mas el que practica la verdad viene a la luz, para que sea manifiesto que sus obras son hechas en Dios.

El amigo del esposo

22 Después de esto, vino Jesús con sus discípulos a la tierra de Judea, y estuvo allí con ellos, y bautizaba.

23 Juan bautizaba también en Enón, junto a Salim, porque había allí muchas aguas; y venían, y eran bautizados.

24 Porque Juan no había sido aún encarcelado.

25 Entonces hubo discusión entre los discípulos de Juan y los judíos acerca de la purificación.

26 Y vinieron a Juan y le dijeron: Rabí, mira que el que estaba contigo al otro lado del Jordán, de quien tú diste testimonio, bautiza, y todos vienen a él.

27 Respondió Juan y dijo: No puede el hombre recibir nada, si no le fuere dado del cielo.

28 Vosotros mismos me sois testigos de que dije: Yo no soy el Cristo, sino que soy enviado delante de él.

29 El que tiene la esposa, es el esposo; mas el amigo del esposo, que está a su lado y le oye, se goza grandemente de la voz del esposo; así pues, este mi gozo está cumplido.

30 Es necesario que él crezca, pero que yo mengüe.

El que viene de arriba

31 El que de arriba viene, es sobre todos; el que es de la tierra, es terrenal, y cosas terrenales habla; el que viene del cielo, es sobre todos.

32 Y lo que vio y oyó, esto testifica; y nadie recibe su testimonio.

33 El que recibe su testimonio, éste atestigua que Dios es veraz.

34 Porque el que Dios envió, las palabras de Dios habla; pues Dios no da el Espíritu por medida.

35 El Padre ama al Hijo, y todas las cosas ha entregado en su mano.

36 El que cree en el Hijo tiene vida eterna; pero el que rehúsa creer en el Hijo no verá la vida, sino que la ira de Dios está sobre él.

Jesús y la mujer samaritana

4 Cuando, pues, el Señor entendió que los fariseos habían oído decir: Jesús hace y bautiza más discípulos que Juan

2 (aunque Jesús no bautizaba, sino sus discípulos),

3 salió de Judea, y se fue otra vez a Galilea.

4 Y le era necesario pasar por Samaria.

5 Vino, pues, a una ciudad de Samaria llamada Sicar, junto a la heredad que Jacob dio a su hijo José.

6 Y estaba allí el pozo de Jacob. Entonces Jesús, cansado del camino, se sentó así junto al pozo. Era como la hora sexta.

7 Vino una mujer de Samaria a sacar agua; y Jesús le dijo: Dame de beber.

8 Pues sus discípulos habían ido a la ciudad a comprar de comer.

9 La mujer samaritana le dijo: ¿Cómo tú, siendo judío, me pides a mí de beber, que soy mujer samaritana? Porque judíos y samaritanos no se tratan entre sí.

10 Respondió Jesús y le dijo: Si conocieras el don de Dios, y quién es el que te dice: Dame de beber; tú le pedirías, y él te daría agua viva.

11 La mujer le dijo: Señor, no tienes con qué sacarla, y el pozo es hondo. ¿De dónde, pues, tienes el agua viva?

12 ¿Acaso eres tú mayor que nuestro padre Jacob, que nos dio este pozo, del cual bebieron él, sus hijos y sus ganados?

13 Respondió Jesús y le dijo: Cualquiera que bebiere de esta agua, volverá a tener sed;

14 mas el que bebiere del agua que yo le daré, no tendrá sed jamás; sino que el agua que yo le daré será en él una fuente de agua que salte para vida eterna.

15 La mujer le dijo: Señor, dame esa agua, para que no tenga yo sed, ni venga aquí a sacarla.

16 Jesús le dijo: Ve, llama a tu marido, y ven acá.

17 Respondió la mujer y dijo: No tengo marido. Jesús le dijo: Bien has dicho: No tengo marido;

18 porque cinco maridos has tenido, y el que ahora tienes no es tu marido; esto has dicho con verdad.

19 Le dijo la mujer: Señor, me parece que tú eres profeta.

20 Nuestros padres adoraron en este monte, y vosotros decís que en Jerusalén es el lugar donde se debe adorar.

21 Jesús le dijo: Mujer, créeme, que la hora viene cuando ni en este monte ni en Jerusalén adoraréis al Padre.

22 Vosotros adoráis lo que no sabéis; nosotros adoramos lo que sabemos; porque la salvación viene de los judíos.

23 Mas la hora viene, y ahora es, cuando los verdaderos adoradores adorarán al Padre en espíritu y en verdad; porque también el Padre tales adoradores busca que le adoren.

24 Dios es Espíritu; y los que le adoran, en espíritu y en verdad es necesario que adoren.

25 Le dijo la mujer: Sé que ha de venir el Mesías, llamado el Cristo; cuando él venga nos declarará todas las cosas.

26 Jesús le dijo: Yo soy, el que habla contigo.

27 En esto vinieron sus discípulos, y se maravillaron de que hablaba con una mujer; sin embargo, ninguno dijo: ¿Qué preguntas? o, ¿Qué hablas con ella?

28 Entonces la mujer dejó su cántaro, y fue a la ciudad, y dijo a los hombres:

29 Venid, ved a un hombre que me ha dicho todo cuanto he hecho. ¿No será éste el Cristo?

30 Entonces salieron de la ciudad, y vinieron a él.

31 Entre tanto, los discípulos le rogaban, diciendo: Rabí, come.

32 El les dijo: Yo tengo una comida que comer, que vosotros no sabéis.

33 Entonces los discípulos decían unos a otros: ¿Le habrá traído alguien de comer?

34 Jesús les dijo: Mi comida es que haga la voluntad del que me envió, y que acabe su obra.

35 ¿No decís vosotros: Aún faltan cuatro meses para que llegue la siega? He aquí os digo: Alzad vuestros ojos y mirad los campos, porque ya están blancos para la siega.

36 Y el que siega recibe salario, y recoge fruto para vida eterna, para que el que siembra goce juntamente con el que siega.

37 Porque en esto es verdadero el dicho: Uno es el que siembra, y otro es el que siega.

38 Yo os he enviado a segar lo que vosotros no labrasteis; otros labraron, y vosotros habéis entrado en sus labores.

39 Y muchos de los samaritanos de aquella ciudad creyeron en él por la palabra de la mujer, que daba testimonio diciendo: Me dijo todo lo que he hecho.

40 Entonces vinieron los samaritanos a él y le rogaron que se quedase con ellos; y se quedó allí dos días.

41 Y creyeron muchos más por la palabra de él,

42 y decían a la mujer: Ya no creemos solamente por tu dicho, porque nosotros mismos hemos oído, y sabemos que verdaderamente éste es el Salvador del mundo, el Cristo.

Jesús sana al hijo de un noble

43 Dos días después, salió de allí y fue a Galilea.

44 Porque Jesús mismo dio testimonio de que el profeta no tiene honra en su propia tierra.

45 Cuando vino a Galilea, los galileos le recibieron, habiendo visto todas las cosas que había hecho en Jerusalén, en la fiesta; porque también ellos habían ido a la fiesta.

46 Vino, pues, Jesús otra vez a Caná de Galilea, donde había convertido el agua en vino. Y había en Capernaum un oficial del rey, cuyo hijo estaba enfermo.

47 Este, cuando oyó que Jesús había llegado de Judea a Galilea, vino a él y le rogó que descendiese y sanase a su hijo, que estaba a punto de morir.

48 Entonces Jesús le dijo: Si no viereis señales y prodigios, no creeréis.

49 El oficial del rey le dijo: Señor, desciende antes que mi hijo muera.

50 Jesús le dijo: Ve, tu hijo vive. Y el hombre creyó la palabra que Jesús le dijo, y se fue.

51 Cuando ya él descendía, sus siervos salieron a recibirle, y le dieron nuevas, diciendo: Tu hijo vive.

52 Entonces él les preguntó a qué hora había comenzado a estar mejor. Y le dijeron: Ayer a las siete le dejó la fiebre.

53 El padre entonces entendió que aquella era la hora en que Jesús le había dicho: Tu hijo vive; y creyó él con toda su casa.

54 Esta segunda señal hizo Jesús, cuando fue de Judea a Galilea.

El paralítico de Betesda

5 Después de estas cosas había una fiesta de los judíos, y subió Jesús a Jerusalén.

2 Y hay en Jerusalén, cerca de la puerta de las ovejas, un estanque, llamado en hebreo Betesda, el cual tiene cinco pórticos.

3 En éstos yacía una multitud de enfermos, ciegos, cojos y paralíticos, que esperaban el movimiento del agua.

4 Porque un ángel descendía de tiempo en tiempo al estanque, y agitaba el agua; y el que primero descendía al estanque después del movimiento del agua, quedaba sano de cualquier enfermedad que tuviese.

5 Y había allí un hombre que hacía treinta y ocho años que estaba enfermo.

6 Cuando Jesús lo vio acostado, y supo que llevaba ya mucho tiempo así, le dijo: ¿Quieres ser sano?

7 Señor, le respondió el enfermo, no tengo quien me meta en el estanque cuando se agita el agua; y entre tanto que yo voy, otro desciende antes que yo.

8 Jesús le dijo: Levántate, toma tu lecho, y anda.

9 Y al instante aquel hombre fue sanado, y tomó su lecho, y anduvo. Y era día de reposo aquel día.

10 Entonces los judíos dijeron a aquel que había sido sanado: Es día de reposo; no te es lícito llevar tu lecho.

11 El les respondió: El que me sanó, él mismo me dijo: Toma tu lecho y anda.

12 Entonces le preguntaron: ¿Quién es el que te dijo: Toma tu lecho y anda?

13 Y el que había sido sanado no sabía quién fuese, porque Jesús se había apartado de la gente que estaba en aquel lugar.

14 Después le halló Jesús en el templo, y le dijo: Mira, has sido sanado; no peques más, para que no te venga alguna cosa peor.

15 El hombre se fue, y dio aviso a los judíos, que Jesús era el que le había sanado.

16 Y por esta causa los judíos perseguían a Jesús, y procuraban matarle, porque hacía estas cosas en el día de reposo.

17 Y Jesús les respondió: Mi Padre hasta ahora trabaja, y yo trabajo.

18 Por esto los judíos aun más procuraban matarle, porque no sólo quebrantaba el día de reposo, sino que también decía que Dios era su propio Padre, haciéndose igual a Dios.

La autoridad del Hijo

19 Respondió entonces Jesús, y les dijo: De cierto, de cierto os digo: No puede el Hijo hacer nada por sí

mismo, sino lo que ve hacer al Padre; porque todo lo que el Padre hace, también lo hace el Hijo igualmente.

20 Porque el Padre ama al Hijo, y le muestra todas las cosas que él hace; y mayores obras que estas le mostrará, de modo que vosotros os maravilléis.

21 Porque como el Padre levanta a los muertos, y les da vida, así también el Hijo a los que quiere da vida.

22 Porque el Padre a nadie juzga, sino que todo el juicio dio al Hijo,

23 para que todos honren al Hijo como honran al Padre. El que no honra al Hijo, no honra al Padre que le envió.

24 De cierto, de cierto os digo: El que oye mi palabra, y cree al que me envió, tiene vida eterna; y no vendrá a condenación, mas ha pasado de muerte a vida.

25 De cierto, de cierto os digo: Viene la hora, y ahora es, cuando los muertos oirán la voz del Hijo de Dios; y los que la oyeren vivirán.

26 Porque como el Padre tiene vida en sí mismo, así también ha dado al Hijo el tener vida en sí mismo;

27 y también le dio autoridad de hacer juicio, por cuanto es el Hijo del Hombre.

28 No os maravilléis de esto; porque vendrá hora cuando todos los que están en los sepulcros oirán su voz;

29 y los que hicieron lo bueno, saldrán a resurrección de vida; mas los que hicieron lo malo, a resurrección de condenación.

Testigos de Cristo

30 No puedo yo hacer nada por mí mismo; según oigo, así juzgo; y mi juicio es justo, porque no busco mi voluntad, sino la voluntad del que me envió, la del Padre.

31 Si yo doy testimonio acerca de mí mismo, mi testimonio no es verdadero.

32 Otro es el que da testimonio acerca de mí, y sé que el testimonio que da de mí es verdadero.

33 Vosotros enviasteis mensajeros a Juan, y él dio testimonio de la verdad.

34 Pero yo no recibo testimonio de hombre alguno; mas digo esto, para que vosotros seáis salvos.

35 El era antorcha que ardía y alumbraba; y vosotros quisisteis regocijaros por un tiempo en su luz.

36 Mas yo tengo mayor testimonio que el de Juan; porque las obras que el Padre me dio para que cumpliese, las mismas obras que yo hago, dan testimonio de mí, que el Padre me ha enviado.

37 También el Padre que me envió ha dado testimonio de mí. Nunca habéis oído su voz, ni habéis visto su aspecto,

38 ni tenéis su palabra morando en vosotros; porque a quien él envió, vosotros no creéis.

39 Escudriñad las Escrituras; porque a vosotros os parece que en ellas tenéis la vida eterna; y ellas son las que dan testimonio de mí;

40 y no queréis venir a mí para que tengáis vida.

41 Gloria de los hombres no recibo.

42 Mas yo os conozco, que no tenéis amor de Dios en vosotros.

43 Yo he venido en nombre de mi Padre, y no me recibís; si otro viniere en su propio nombre, a ése recibiréis.

44 ¿Cómo podéis vosotros creer, pues recibís gloria los unos de los otros, y no buscáis la gloria que viene del Dios único?

45 No penséis que yo voy a acusaros delante del Padre; hay quien os acusa, Moisés, en quien tenéis vuestra esperanza.

46 Porque si creyeseis a Moisés, me creeríais a mí, porque de mí escribió él.

47 Pero si no creéis a sus escritos, ¿cómo creeréis a mis palabras?

Alimentación de los cinco mil
(Mt. 14.13-21; Mr. 6.30-44; Lc. 9.10-17)

6 Después de esto, Jesús fue al otro lado del mar de Galilea, el de Tiberias.

2 Y le seguía gran multitud, porque veían las señales que hacía en los enfermos.

3 Entonces subió Jesús a un monte, y se sentó allí con sus discípulos.

4 Y estaba cerca la pascua, la fiesta de los judíos.

5 Cuando alzó Jesús los ojos, y vio que había venido a él gran multitud, dijo a Felipe: ¿De dónde compraremos pan para que coman éstos?

6 Pero esto decía para probarle; porque él sabía lo que había de hacer.

7 Felipe le respondió: Doscientos denarios de pan no bastarían para que cada uno de ellos tomase un poco.

8 Uno de sus discípulos, Andrés, hermano de Simón Pedro, le dijo:

9 Aquí está un muchacho, que tiene cinco panes de cebada y dos pececillos; mas ¿qué es esto para tantos?

10 Entonces Jesús dijo: Haced recostar la gente. Y había mucha hierba en aquel lugar; y se recostaron como en número de cinco mil varones.

11 Y tomó Jesús aquellos panes, y habiendo dado gracias, los repartió entre los discípulos, y los discípulos entre los que estaban recostados; asimismo de los peces, cuanto querían.

12 Y cuando se hubieron saciado, dijo a sus discípulos: Recoged los pedazos que sobraron, para que no se pierda nada.

13 Recogieron, pues, y llenaron doce cestas de pedazos, que de los cinco panes de cebada sobraron a los que habían comido.

14 Aquellos hombres entonces, viendo la señal que Jesús había hecho, dijeron: Este verdaderamente es el profeta que había de venir al mundo.

15 Pero entendiendo Jesús que iban a venir para apoderarse de él y hacerle rey, volvió a retirarse al monte él solo.

Jesús anda sobre el mar
(Mt. 14.22-27; Mr. 6.45-52)

16 Al anochecer, descendieron sus discípulos al mar,

17 y entrando en una barca, iban cruzando el mar hacia Capernaum. Estaba ya oscuro, y Jesús no había venido a ellos.

18 Y se levantaba el mar con un gran viento que soplaba.

19 Cuando habían remado como veinticinco o treinta estadios, vieron a Jesús que andaba sobre el mar y se acercaba a la barca; y tuvieron miedo.

20 Mas él les dijo: Yo soy; no temáis.

21 Ellos entonces con gusto le recibieron en la barca, la cual llegó en seguida a la tierra adonde iban.

La gente busca a Jesús

22 El día siguiente, la gente que estaba al otro lado del mar vio que no había habido allí más que una sola barca, y que Jesús no había entrado en ella con sus discípulos, sino que éstos se habían ido solos.

23 Pero otras barcas habían arribado de Tiberias junto al lugar donde habían comido el pan después de haber dado gracias el Señor.

24 Cuando vio, pues, la gente que Jesús no estaba allí, ni sus discípulos, entraron en las barcas y fueron a Capernaum, buscando a Jesús.

Jesús, el pan de vida

25 Y hallándole al otro lado del mar, le dijeron: Rabí, ¿cuándo llegaste acá?

26 Respondió Jesús y les dijo: De cierto, de cierto os digo que me buscáis, no porque habéis visto las señales, sino porque comisteis el pan y os saciasteis.

27 Trabajad, no por la comida que perece, sino por la comida que a vida eterna permanece, la cual el Hijo del Hombre os dará; porque a éste señaló Dios el Padre.

28 Entonces le dijeron: ¿Qué debemos hacer para poner en práctica las obras de Dios?

29 Respondió Jesús y les dijo: Esta es la obra de Dios, que creáis en el que él ha enviado.

30 Le dijeron entonces: ¿Qué señal, pues, haces tú, para que veamos, y te creamos? ¿Qué obra haces?

31 Nuestros padres comieron el maná en el desierto, como está escrito: Pan del cielo les dio a comer.

32 Y Jesús les dijo: De cierto, de cierto os digo: No os dio Moisés el pan del cielo, mas mi Padre os da el verdadero pan del cielo.

33 Porque el pan de Dios es aquel que descendió del cielo y da vida al mundo.

34 Le dijeron: Señor, danos siempre este pan.

35 Jesús les dijo: Yo soy el pan de vida; el que a mí viene, nunca tendrá hambre; y el que en mí cree, no tendrá sed jamás.

36 Mas os he dicho, que aunque me habéis visto, no creéis.

37 Todo lo que el Padre me da, vendrá a mí; y al que a mí viene, no le echo fuera.

38 Porque he descendido del cielo, no para hacer mi voluntad, sino la voluntad del que me envió.

39 Y esta es la voluntad del Padre, el que me envió: Que de todo lo que me diere, no pierda yo nada, sino que lo resucite en el día postrero.

40 Y esta es la voluntad del que me ha enviado: Que todo aquél que ve al Hijo, y cree en él, tenga vida eterna; y yo le resucitaré en el día postrero.

41 Murmuraban entonces de él los judíos, porque había dicho: Yo soy el pan que descendió del cielo.

42 Y decían: ¿No es éste Jesús, el hijo de José, cuyo padre y madre nosotros conocemos? ¿Cómo, pues, dice éste: Del cielo he descendido?

43 Jesús respondió y les dijo: No murmuréis entre vosotros.

44 Ninguno puede venir a mí, si el Padre que me envió no le trajere; y yo le resucitaré en el día postrero.

45 Escrito está en los profetas: Y serán todos enseñados por Dios. Así que, todo aquel que oyó al Padre, y aprendió de él, viene a mí.

46 No que alguno haya visto al Padre, sino aquel que vino de Dios; éste ha visto al Padre.

47 De cierto, de cierto os digo: El que cree en mí, tiene vida eterna.

48 Yo soy el pan de vida.

49 Vuestros padres comieron el maná en el desierto, y murieron.

50 Este es el pan que desciende del cielo, para que el que de él come, no muera.

51 Yo soy el pan vivo que descendió del cielo; si alguno comiere de este pan, vivirá para siempre; y el pan que yo daré es mi carne, la cual yo daré por la vida del mundo.

52 Entonces los judíos contendían entre sí, diciendo: ¿Cómo puede éste darnos a comer su carne?

53 Jesús les dijo: De cierto, de cierto os digo: Si no coméis la carne del Hijo del Hombre, y bebéis su sangre, no tenéis vida en vosotros.

54 El que come mi carne y bebe mi sangre, tiene vida eterna; y yo le resucitaré en el día postrero.

55 Porque mi carne es verdadera comida, y mi sangre es verdadera bebida.

56 El que come mi carne y bebe mi sangre, en mí permanece, y yo en él.

57 Como me envió el Padre viviente, y yo vivo por el Padre, asimismo el que me come, él también vivirá por mí.

58 Este es el pan que descendió del cielo; no como vuestros padres comieron el maná, y murieron; el que come de este pan, vivirá eternamente.

59 Estas cosas dijo en la sinagoga, enseñando en Capernaum.

Palabras de vida eterna

60 Al oírlas, muchos de sus discípulos dijeron: Dura es esta palabra; ¿quién la puede oír?

61 Sabiendo Jesús en sí mismo que sus discípulos murmuraban de esto, les dijo: ¿Esto os ofende?

62 ¿Pues qué, si viereis al Hijo del Hombre subir adonde estaba primero?

63 El espíritu es el que da vida; la carne para nada aprovecha; las palabras que yo os he hablado son espíritu y son vida.

64 Pero hay algunos de vosotros que no creen. Porque Jesús sabía desde el principio quiénes eran los que no creían, y quién le había de entregar.

65 Y dijo: Por eso os he dicho que ninguno puede venir a mí, si no le fuere dado del Padre.

66 Desde entonces muchos de sus discípulos volvieron atrás, y ya no andaban con él.

67 Dijo entonces Jesús a los doce: ¿Queréis acaso iros también vosotros?

68 Le respondió Simón Pedro: Señor, ¿a quién iremos? Tú tienes palabras de vida eterna.

69 Y nosotros hemos creído y conocemos que tú eres el Cristo, el Hijo del Dios viviente.

70 Jesús les respondió: ¿No os he escogido yo a vosotros los doce, y uno de vosotros es diablo?

71 Hablaba de Judas Iscariote, hijo de Simón; porque éste era el que le iba a entregar, y era uno de los doce.

Incredulidad de los hermanos de Jesús

7 Después de estas cosas, andaba Jesús en Galilea; pues no quería andar en Judea, porque los judíos procuraban matarle.

2 Estaba cerca la fiesta de los judíos, la de los tabernáculos;

3 y le dijeron sus hermanos: Sal de aquí, y vete a Judea, para que también tus discípulos vean las obras que haces.

4 Porque ninguno que procura darse a conocer hace algo en secreto. Si estas cosas haces, manifiéstate al mundo.

5 Porque ni aun sus hermanos creían en él.

6 Entonces Jesús les dijo: Mi tiempo aún no ha llegado, mas vuestro tiempo siempre está presto.

7 No puede el mundo aborreceros a vosotros; mas a mí me aborrece, porque yo testifico de él, que sus obras son malas.

8 Subid vosotros a la fiesta; yo no subo todavía a esa fiesta, porque mi tiempo aún no se ha cumplido.

9 Y habiéndoles dicho esto, se quedó en Galilea.

Jesús en la fiesta de los tabernáculos

10 Pero después que sus hermanos habían subido, entonces él también subió a la fiesta, no abiertamente, sino como en secreto.

11 Y le buscaban los judíos en la fiesta, y decían: ¿Dónde está aquél?

12 Y había gran murmullo acerca de él entre la multitud, pues unos decían: Es bueno; pero otros decían: No, sino que engaña al pueblo.

13 Pero ninguno hablaba abiertamente de él, por miedo a los judíos.

14 Mas a la mitad de la fiesta subió Jesús al templo, y enseñaba.

15 Y se maravillaban los judíos, diciendo: ¿Cómo sabe éste letras, sin haber estudiado?

16 Jesús les respondió y dijo: Mi doctrina no es mía, sino de aquel que me envió.

17 El que quiera hacer la voluntad de Dios, conocerá si la doctrina es de Dios, o si yo hablo por mi propia cuenta.

18 El que habla por su propia cuenta, su propia gloria busca; pero el que busca la gloria del que le envió, éste es verdadero, y no hay en él injusticia.

19 ¿No os dio Moisés la ley, y ninguno de vosotros cumple la ley? ¿Por qué procuráis matarme?

20 Respondió la multitud y dijo: Demonio tienes; ¿quién procura matarte?

21 Jesús respondió y les dijo: Una obra hice, y todos os maravilláis.

22 Por cierto, Moisés os dio la circuncisión (no porque sea de Moisés, sino de los padres); y en el día de reposo circuncidáis al hombre.

23 Si recibe el hombre la circuncisión en el día de reposo, para que la ley de Moisés no sea quebrantada, ¿os enojáis conmigo porque en el día de reposo sané completamente a un hombre?

24 No juzguéis según las apariencias, sino juzgad con justo juicio.

¿Es éste el Cristo?

25 Decían entonces unos de Jerusalén: ¿No es éste a quien buscan para matarle?

26 Pues mirad, habla públicamente, y no le dicen nada. ¿Habrán reconocido en verdad los gobernantes que éste es el Cristo?

27 Pero éste, sabemos de dónde es; mas cuando venga el Cristo, nadie sabrá de dónde sea.

28 Jesús entonces, enseñando en el templo, alzó la voz y dijo: A mí me conocéis, y sabéis de dónde soy; y no he venido de mí mismo, pero el que me envió es verdadero, a quien vosotros no conocéis.

29 Pero yo le conozco, porque de él procedo, y él me envió.

30 Entonces procuraban prenderle; pero ninguno le echó mano, porque aún no había llegado su hora.

31 Y muchos de la multitud creyeron en él, y decían: El Cristo, cuando venga, ¿hará más señales que las que éste hace?

Los fariseos envían alguaciles para prender a Jesús

32 Los fariseos oyeron a la gente que murmuraba de él estas cosas; y los principales sacerdotes y los fariseos enviaron alguaciles para que le prendiesen.

33 Entonces Jesús dijo: Todavía un poco de tiempo estaré con vosotros, e iré al que me envió.

34 Me buscaréis, y no me hallaréis; y a donde yo estaré, vosotros no podréis venir.

35 Entonces los judíos dijeron entre sí: ¿Adónde se irá éste, que no le hallemos? ¿Se irá a los dispersos entre los griegos, y enseñará a los griegos?

36 ¿Qué significa esto que dijo: Me buscaréis, y no me hallaréis; y a donde yo estaré, vosotros no podréis venir?

Ríos de agua viva

37 En el último y gran día de la fiesta, Jesús se puso en pie y alzó la voz, diciendo: Si alguno tiene sed, venga a mí y beba.

38 El que cree en mí, como dice la Escritura, de su interior correrán ríos de agua viva.

39 Esto dijo del Espíritu que habían de recibir los que creyesen en él; pues aún no había venido el Espíritu Santo, porque Jesús no había sido aún glorificado.

División entre la gente

40 Entonces algunos de la multitud, oyendo estas palabras, decían: Verdaderamente éste es el profeta.

41 Otros decían: Este es el Cristo. Pero algunos decían: ¿De Galilea ha de venir el Cristo?

42 ¿No dice la Escritura que del linaje de David, y de la aldea de Belén, de donde era David, ha de venir el Cristo?

43 Hubo entonces disensión entre la gente a causa de él.

44 Y algunos de ellos querían prenderle; pero ninguno le echó mano.

¡Nunca ha hablado hombre así!

45 Los alguaciles vinieron a los principales sacerdotes y a los fariseos; y éstos les dijeron: ¿Por qué no le habéis traído?

46 Los alguaciles respondieron: ¡Jamás hombre alguno ha hablado como este hombre!

47 Entonces los fariseos les respondieron: ¿También vosotros habéis sido engañados?

48 ¿Acaso ha creído en él alguno de los gobernantes, o de los fariseos?

49 Mas esta gente que no sabe la ley, maldita es.

50 Les dijo Nicodemo, el que vino a él de noche, el cual era uno de ellos:

51 ¿Juzga acaso nuestra ley a un hombre si primero no le oye, y sabe lo que ha hecho?

52 Respondieron y le dijeron: ¿Eres tú también galileo? Escudriña y ve que de Galilea nunca se ha levantado profeta.

La mujer adúltera

53 Cada uno se fue a su casa;

8 y Jesús se fue al monte de los Olivos. 2 Y por la mañana volvió al templo, y todo el pueblo vino a él; y sentado él, les enseñaba.

3 Entonces los escribas y los fariseos le trajeron una mujer sorprendida en adulterio; y poniéndola en medio,

4 le dijeron: Maestro, esta mujer ha sido sorprendida en el acto mismo de adulterio.

5 Y en la ley nos mandó Moisés apedrear a tales mujeres. Tú, pues, ¿qué dices?

6 Mas esto decían tentándole, para poder acusarle. Pero Jesús, inclinado hacia el suelo, escribía en tierra con el dedo.

7 Y como insistieran en preguntarle, se enderezó y les dijo: El que de vosotros esté sin pecado sea el primero en arrojar la piedra contra ella.

8 E inclinándose de nuevo hacia el suelo, siguió escribiendo en tierra.

9 Pero ellos, al oír esto, acusados por su conciencia, salían uno a uno, comenzando desde los más viejos hasta los postreros; y quedó solo Jesús, y la mujer que estaba en medio.

10 Enderezándose Jesús, y no viendo a nadie sino a la mujer, le dijo: Mujer, ¿dónde están los que te acusaban? ¿Ninguno te condenó?

11 Ella dijo: Ninguno, Señor. Entonces Jesús le dijo: Ni yo te condeno; vete, y no peques más.

Jesús, la luz del mundo

12 Otra vez Jesús les habló, diciendo: Yo soy la luz del mundo; el que me sigue, no andará en tinieblas, sino que tendrá la luz de la vida.

13 Entonces los fariseos le dijeron: Tú das testimonio acerca de ti mismo; tu testimonio no es verdadero.

14 Respondió Jesús y les dijo: Aunque yo doy testimonio acerca de mí mismo, mi testimonio es verdadero, porque sé de dónde he venido y a dónde voy; pero vosotros no sabéis de dónde vengo, ni a dónde voy.

15 Vosotros juzgáis según la carne; yo no juzgo a nadie.

16 Y si yo juzgo, mi juicio es verdadero; porque no soy yo solo, sino yo y el que me envió, el Padre.

17 Y en vuestra ley está escrito que el testimonio de dos hombres es verdadero.

18 Yo soy el que doy testimonio de mí mismo, y el Padre que me envió da testimonio de mí.

19 Ellos le dijeron: ¿Dónde está tu Padre? Respondió Jesús: Ni a mí me conocéis, ni a mi Padre; si a mí me conocieseis, también a mi Padre conoceríais.

20 Estas palabras habló Jesús en el lugar de las ofrendas, enseñando en el templo; y nadie le prendió, porque aún no había llegado su hora.

A donde yo voy, vosotros no podéis venir

21 Otra vez les dijo Jesús: Yo me voy, y me buscaréis, pero en vuestro pecado moriréis; a donde yo voy, vosotros no podéis venir.

22 Decían entonces los judíos: ¿Acaso se matará a sí mismo, que dice: A donde yo voy, vosotros no podéis venir?

23 Y les dijo: Vosotros sois de abajo, yo soy de arriba; vosotros sois de este mundo, yo no soy de este mundo.

24 Por eso os dije que moriréis en vuestros pecados; porque si no creéis que yo soy, en vuestros pecados moriréis.

25 Entonces le dijeron: ¿Tú quién eres? Entonces Jesús les dijo: Lo que desde el principio os he dicho.

26 Muchas cosas tengo que decir y juzgar de vosotros; pero el que me envió es verdadero; y yo, lo que he oído de él, esto hablo al mundo.

27 Pero no entendieron que les hablaba del Padre.

28 Les dijo, pues, Jesús: Cuando hayáis levantado al Hijo del Hombre, entonces conoceréis que yo soy, y que nada hago por mí mismo, sino que según me enseñó el Padre, así hablo.

29 Porque el que me envió, conmigo está; no me ha dejado solo el Padre, porque yo hago siempre lo que le agrada.

30 Hablando él estas cosas, muchos creyeron en él.

La verdad os hará libres

31 Dijo entonces Jesús a los judíos que habían creído en él: Si vosotros permaneciereis en mi palabra, seréis verdaderamente mis discípulos;

32 y conoceréis la verdad, y la verdad os hará libres.

33 Le respondieron: Linaje de Abraham somos, y jamás hemos sido esclavos de nadie. ¿Cómo dices tú: Seréis libres?

34 Jesús les respondió: De cierto, de cierto os digo, que todo aquel que hace pecado, esclavo es del pecado.

35 Y el esclavo no queda en la casa para siempre; el hijo sí queda para siempre.

36 Así que, si el Hijo os libertare, seréis verdaderamente libres.

37 Sé que sois descendientes de Abraham; pero procuráis matarme, porque mi palabra no halla cabida en vosotros.

38 Yo hablo lo que he visto cerca del Padre; y vosotros hacéis lo que habéis oído cerca de vuestro padre.

Sois de vuestro padre el diablo

39 Respondieron y le dijeron: Nuestro padre es Abraham. Jesús les dijo: Si fueseis hijos de Abraham, las obras de Abraham haríais.

40 Pero ahora procuráis matarme a mí, hombre que os he hablado la verdad, la cual he oído de Dios; no hizo esto Abraham.

41 Vosotros hacéis las obras de vuestro padre. Entonces le dijeron: Nosotros no somos nacidos de fornicación; un padre tenemos, que es Dios.

42 Jesús entonces les dijo: Si vuestro padre fuese Dios, ciertamente me amaríais; porque yo de Dios he salido, y he venido; pues no he venido de mí mismo, sino que él me envió.

43 ¿Por qué no entendéis mi lenguaje? Porque no podéis escuchar mi palabra.

44 Vosotros sois de vuestro padre el diablo, y los deseos de vuestro padre queréis hacer. El ha sido homicida desde el principio, y no ha permanecido en la verdad, porque no hay verdad en él. Cuando habla mentira, de suyo habla; porque es mentiroso, y padre de mentira.

45 Y a mí, porque digo la verdad, no me creéis.

46 ¿Quién de vosotros me redarguye de pecado? Pues si digo la verdad, ¿por qué vosotros no me creéis?

47 El que es de Dios, las palabras de Dios oye; por esto no las oís vosotros, porque no sois de Dios.

La preexistencia de Cristo

48 Respondieron entonces los judíos, y le dijeron: ¿No decimos bien nosotros, que tú eres samaritano, y que tienes demonio?

49 Respondió Jesús: Yo no tengo demonio, antes honro a mi Padre; y vosotros me deshonráis.

50 Pero yo no busco mi gloria; hay quien la busca, y juzga.

51 De cierto, de cierto os digo, que el que guarda mi palabra, nunca verá muerte.

52 Entonces los judíos le dijeron: Ahora conocemos que tienes demonio. Abraham murió, y los profetas; y

tú dices: El que guarda mi palabra, nunca sufrirá muerte.

53 ¿Eres tú acaso mayor que nuestro padre Abraham, el cual murió? ¡Y los profetas murieron! ¿Quién te haces a ti mismo?

54 Respondió Jesús: Si yo me glorifico a mí mismo, mi gloria nada es; mi Padre es el que me glorifica, el que vosotros decís que es vuestro Dios.

55 Pero vosotros no le conocéis; mas yo le conozco, y si dijere que no le conozco, sería mentiroso como vosotros; pero le conozco, y guardo su palabra.

56 Abraham vuestro padre se gozó de que había de ver mi día; y lo vio, y se gozó.

57 Entonces le dijeron los judíos: Aún no tienes cincuenta años, ¿y has visto a Abraham?

58 Jesús les dijo: De cierto, de cierto os digo: Antes que Abraham fuese, yo soy.

59 Tomaron entonces piedras para arrojárselas; pero Jesús se escondió y salió del templo; y atravesando por en medio de ellos, se fue.

Jesús sana a un ciego de nacimiento

9 Al pasar Jesús, vio a un hombre ciego de nacimiento.

2 Y le preguntaron sus discípulos, diciendo: Rabí, ¿quién pecó, éste o sus padres, para que haya nacido ciego?

3 Respondió Jesús: No es que pecó éste, ni sus padres, sino para que las obras de Dios se manifiesten en él.

4 Me es necesario hacer las obras del que me envió, entre tanto que el día dura; la noche viene, cuando nadie puede trabajar.

5 Entre tanto que estoy en el mundo, luz soy del mundo.

6 Dicho esto, escupió en tierra, e hizo lodo con la saliva, y untó con el lodo los ojos del ciego,

7 y le dijo: Ve a lavarte en el estanque de Siloé (que traducido es, Enviado). Fue entonces, y se lavó, y regresó viendo.

8 Entonces los vecinos, y los que antes le habían visto que era ciego, decían: ¿No es éste el que se sentaba y mendigaba?

9 Unos decían: El es; y otros: A él se parece. El decía: Yo soy.

10 Y le dijeron: ¿Cómo te fueron abiertos los ojos?

11 Respondió él y dijo: Aquel hombre que se llama Jesús hizo lodo, me untó los ojos, y me dijo: Ve al Siloé, y lávate; y fui, y me lavé, y recibí la vista.

12 Entonces le dijeron: ¿Dónde está él? El dijo: No sé.

Los fariseos interrogan
al ciego sanado

13 Llevaron ante los fariseos al que había sido ciego.

14 Y era día de reposo cuando Jesús había hecho el lodo, y le había abierto los ojos.

15 Volvieron, pues, a preguntarle también los fariseos cómo había recibido la vista. El les dijo: Me puso lodo sobre los ojos, y me lavé, y veo.

16 Entonces algunos de los fariseos decían: Ese hombre no procede de Dios, porque no guarda el día de reposo. Otros decían: ¿Cómo puede un hombre pecador hacer estas señales? Y había disensión entre ellos.

17 Entonces volvieron a decirle al ciego: ¿Qué dices tú del que te abrió los ojos? Y él dijo: Que es profeta.

18 Pero los judíos no creían que él había sido ciego, y que había recibido la vista, hasta que llamaron a los padres del que había recibido la vista,

19 y les preguntaron, diciendo: ¿Es éste vuestro hijo, el que vosotros decís que nació ciego? ¿Cómo, pues, ve ahora?

20 Sus padres respondieron y les dijeron: Sabemos que éste es nuestro hijo, y que nació ciego;

21 pero cómo vea ahora, no lo sabemos; o quién le haya abierto los ojos, nosotros tampoco lo sabemos; edad tiene, preguntadle a él; él hablará por sí mismo.

22 Esto dijeron sus padres, porque tenían miedo de los judíos, por cuanto los judíos ya habían acordado que si alguno confesase que Jesús era el Mesías, fuera expulsado de la sinagoga.

23 Por eso dijeron sus padres: Edad tiene, preguntadle a él.

24 Entonces volvieron a llamar al hombre que había sido ciego, y le dijeron: Da gloria a Dios; nosotros sabemos que ese hombre es pecador.

25 Entonces él respondió y dijo: Si es pecador, no lo sé; una cosa sé, que habiendo yo sido ciego, ahora veo.

26 Le volvieron a decir: ¿Qué te hizo? ¿Cómo te abrió los ojos?

27 El les respondió: Ya os lo he dicho, y no habéis querido oír; ¿por qué lo queréis oír otra vez? ¿Queréis también vosotros haceros sus discípulos?

28 Y le injuriaron, y dijeron: Tú eres su discípulo; pero nosotros, discípulos de Moisés somos.

29 Nosotros sabemos que Dios ha hablado a Moisés; pero respecto a ése, no sabemos de dónde sea.

30 Respondió el hombre, y les dijo: Pues esto es lo maravilloso, que vosotros no sepáis de dónde sea, y a mí me abrió los ojos.

31 Y sabemos que Dios no oye a los pecadores; pero si alguno es temeroso de Dios, y hace su voluntad, a ése oye.

32 Desde el principio no se ha oído decir que alguno abriese los ojos a uno que nació ciego.

33 Si éste no viniera de Dios, nada podría hacer.

34 Respondieron y le dijeron: Tú naciste del todo en pecado, ¿y nos enseñas a nosotros? Y le expulsaron.

Ceguera espiritual

35 Oyó Jesús que le habían expulsado; y hallándole, le dijo: ¿Crees tú en el Hijo de Dios?

36 Respondió él y dijo: ¿Quién es, Señor, para que crea en él?

37 Le dijo Jesús: Pues le has visto, y el que habla contigo, él es.

38 Y él dijo: Creo, Señor; y le adoró.

39 Dijo Jesús: Para juicio he venido yo a este mundo; para que los que no ven, vean, y los que ven, sean cegados.

40 Entonces algunos de los fariseos que estaban con él, al oír esto, le dijeron: ¿Acaso nosotros somos también ciegos?

41 Jesús les respondió: Si fuerais ciegos, no tendríais pecado; mas ahora, porque decís: Vemos, vuestro pecado permanece.

Parábola del redil

10 De cierto, de cierto os digo: El que no entra por la puerta en el redil de las ovejas, sino que sube por otra parte, ése es ladrón y salteador.

2 Mas el que entra por la puerta, el pastor de las ovejas es.

3 A éste abre el portero, y las ovejas oyen su voz; y a sus ovejas llama por nombre, y las saca.

4 Y cuando ha sacado fuera todas las propias, va delante de ellas; y las ovejas le siguen, porque conocen su voz.

5 Mas al extraño no seguirán, sino huirán de él, porque no conocen la voz de los extraños.

6 Esta alegoría les dijo Jesús; pero ellos no entendieron qué era lo que les decía.

Jesús, el buen pastor

7 Volvió, pues, Jesús a decirles: De cierto, de cierto os digo: Yo soy la puerta de las ovejas.

8 Todos los que antes de mí vinieron, ladrones son y salteadores; pero no los oyeron las ovejas.

9 Yo soy la puerta; el que por mí entrare, será salvo; y entrará, y saldrá, y hallará pastos.

10 El ladrón no viene sino para hurtar y matar y destruir; yo he venido para que tengan vida, y para que la tengan en abundancia.

11 Yo soy el buen pastor; el buen pastor su vida da por las ovejas.

12 Mas el asalariado, y que no es el pastor, de quien no son propias las ovejas, ve venir al lobo y deja las ovejas y huye, y el lobo arrebata las ovejas y las dispersa.

13 Así que el asalariado huye, porque es asalariado, y no le importan las ovejas.

14 Yo soy el buen pastor; y conozco mis ovejas, y las mías me conocen,

15 así como el Padre me conoce, y yo conozco al Padre; y pongo mi vida por las ovejas.

16 También tengo otras ovejas que no son de este redil; aquéllas también debo traer, y oirán mi voz; y habrá un rebaño, y un pastor.

17 Por eso me ama el Padre, porque yo pongo mi vida, para volverla a tomar.

18 Nadie me la quita, sino que yo de mí mismo la pongo. Tengo poder para ponerla, y tengo poder para volverla a tomar. Este mandamiento recibí de mi Padre.

19 Volvió a haber disensión entre los judíos por estas palabras.

20 Muchos de ellos decían: Demonio tiene, y está fuera de sí; ¿por qué le oís?

21 Decían otros: Estas palabras no son de endemoniado. ¿Puede acaso el demonio abrir los ojos de los ciegos?

Los judíos rechazan a Jesús

22 Celebrábase en Jerusalén la fiesta de la dedicación. Era invierno,

23 y Jesús andaba en el templo por el pórtico de Salomón.

24 Y le rodearon los judíos y le dijeron: ¿Hasta cuándo nos turbarás el alma? Si tú eres el Cristo, dínoslo abiertamente.

25 Jesús les respondió: Os lo he dicho, y no creéis; las obras que yo hago en nombre de mi Padre, ellas dan testimonio de mí;

26 pero vosotros no creéis, porque no sois de mis ovejas, como os he dicho.

27 Mis ovejas oyen mi voz, y yo las conozco, y me siguen,

28 y yo les doy vida eterna; y no perecerán jamás, ni nadie las arrebatará de mi mano.

29 Mi Padre que me las dio, es mayor que todos, y nadie las puede arrebatar de la mano de mi Padre.

30 Yo y el Padre uno somos.

31 Entonces los judíos volvieron a tomar piedras para apedrearle.

32 Jesús les respondió: Muchas buenas obras os he mostrado de mi Padre; ¿por cuál de ellas me apedreáis?

33 Le respondieron los judíos, diciendo: Por buena obra no te apedreamos, sino por la blasfemia; porque tú, siendo hombre, te haces Dios.

34 Jesús les respondió: ¿No está escrito en vuestra ley: Yo dije, dioses sois?

35 Si llamó dioses a aquellos a quienes vino la palabra de Dios (y la Escritura no puede ser quebrantada),

36 ¿al que el Padre santificó y envió al mundo, vosotros decís: Tú blasfemas, porque dije: Hijo de Dios soy?

37 Si no hago las obras de mi Padre, no me creáis.

38 Mas si las hago, aunque no me creáis a mí, creed a las obras, para que conozcáis y creáis que el Padre está en mí, y yo en el Padre.

39 Procuraron otra vez prenderle, pero él se escapó de sus manos.

40 Y se fue de nuevo al otro lado del Jordán, al lugar donde primero había estado bautizando Juan; y se quedó allí.

41 Y muchos venían a él, y decían: Juan, a la verdad, ninguna señal hizo; pero todo lo que Juan dijo de éste, era verdad.

42 Y muchos creyeron en él allí.

Muerte de Lázaro

11 Estaba entonces enfermo uno llamado Lázaro, de Betania, la aldea de María y de Marta su hermana.

2 (María, cuyo hermano Lázaro estaba enfermo, fue la que ungió al Señor con perfume, y le enjugó los pies con sus cabellos.)

3 Enviaron, pues, las hermanas para decir a Jesús: Señor, he aquí el que amas está enfermo.

4 Oyéndolo Jesús, dijo: Esta enfermedad no es para muerte, sino para la gloria de Dios, para que el Hijo de Dios sea glorificado por ella.

5 Y amaba Jesús a Marta, a su hermana y a Lázaro.

6 Cuando oyó, pues, que estaba enfermo, se quedó dos días más en el lugar donde estaba.

7 Luego, después de esto, dijo a los discípulos: Vamos a Judea otra vez.

8 Le dijeron los discípulos: Rabí, ahora procuraban los judíos apedrearte, ¿y otra vez vas allá?

9 Respondió Jesús: ¿No tiene el día doce horas? El que anda de día, no tropieza, porque ve la luz de este mundo;

10 pero el que anda de noche, tropieza, porque no hay luz en él.

11 Dicho esto, les dijo después: Nuestro amigo Lázaro duerme; mas voy para despertarle.

12 Dijeron entonces sus discípulos: Señor, si duerme, sanará.

13 Pero Jesús decía esto de la muerte de Lázaro; y ellos pensaron que hablaba del reposar del sueño.

14 Entonces Jesús les dijo claramente: Lázaro ha muerto;

15 y me alegro por vosotros, de no haber estado allí, para que creáis; mas vamos a él.

16 Dijo entonces Tomás, llamado Dídimo, a sus condiscípulos: Vamos también nosotros, para que muramos con él.

Jesús, la resurrección y la vida

17 Vino, pues, Jesús, y halló que hacía ya cuatro días que Lázaro estaba en el sepulcro.

18 Betania estaba cerca de Jerusalén, como a quince estadios;

19 y muchos de los judíos habían venido a Marta y a María, para consolarlas por su hermano.

20 Entonces Marta, cuando oyó que Jesús venía, salió a encontrarle; pero María se quedó en casa.

21 Y Marta dijo a Jesús: Señor, si hubieses estado aquí, mi hermano no habría muerto.

22 Mas también sé ahora que todo lo que pidas a Dios, Dios te lo dará.

23 Jesús le dijo: Tu hermano resucitará.

24 Marta le dijo: Yo sé que resucitará en la resurrección, en el día postrero.

25 Le dijo Jesús: Yo soy la resurrección y la vida; el que cree en mí, aunque esté muerto, vivirá.

26 Y todo aquel que vive y cree en mí, no morirá eternamente. ¿Crees esto?

27 Le dijo: Sí, Señor; yo he creído que tú eres el Cristo, el Hijo de Dios, que has venido al mundo.

Jesús llora ante la tumba de Lázaro

28 Habiendo dicho esto, fue y llamó a María su hermana, diciéndole en secreto: El Maestro está aquí y te llama.

29 Ella, cuando lo oyó, se levantó de prisa y vino a él.

30 Jesús todavía no había entrado en la aldea, sino que estaba en el lugar donde Marta le había encontrado.

31 Entonces los judíos que estaban en casa con ella y la consolaban, cuando vieron que María se había levantado de prisa y había salido, la siguieron, diciendo: Va al sepulcro a llorar allí.

32 María, cuando llegó a donde estaba Jesús, al verle, se postró a sus pies, diciéndole: Señor, si hubieses estado aquí, no habría muerto mi hermano.

33 Jesús entonces, al verla llorando, y a los judíos que la acompañaban, también llorando, se estremeció en espíritu y se conmovió,

34 y dijo: ¿Dónde le pusisteis? Le dijeron: Señor, ven y ve.

35 Jesús lloró.

36 Dijeron entonces los judíos: Mirad cómo le amaba.

37 Y algunos de ellos dijeron: ¿No podía éste, que abrió los ojos al ciego, haber hecho también que Lázaro no muriera?

Resurrección de Lázaro

38 Jesús, profundamente conmovido otra vez, vino al sepulcro. Era una cueva, y tenía una piedra puesta encima.

39 Dijo Jesús: Quitad la piedra. Marta, la hermana del que había muerto, le dijo: Señor, hiede ya, porque es de cuatro días.

40 Jesús le dijo: ¿No te he dicho que si crees, verás la gloria de Dios?

41 Entonces quitaron la piedra de donde había sido puesto el muerto. Y Jesús, alzando los ojos a lo alto, dijo: Padre, gracias te doy por haberme oído.

42 Yo sabía que siempre me oyes; pero lo dije por causa de la multitud que está alrededor, para que crean que tú me has enviado.

43 Y habiendo dicho esto, clamó a gran voz: ¡Lázaro, ven fuera!

44 Y el que había muerto salió, atadas las manos y los pies con vendas, y el rostro envuelto en un sudario. Jesús les dijo: Desatadle, y dejadle ir.

El complot para matar a Jesús
(Mt. 26.1-5; Mr. 14.1-2; Lc. 22.1-2)

45 Entonces muchos de los judíos que habían venido para acompañar a María, y vieron lo que hizo Jesús, creyeron en él.

46 Pero algunos de ellos fueron a los fariseos y les dijeron lo que Jesús había hecho.

47 Entonces los principales sacerdotes y los fariseos reunieron el concilio, y dijeron: ¿Qué haremos? Porque este hombre hace muchas señales.

48 Si le dejamos así, todos creerán en él; y vendrán los romanos, y destruirán nuestro lugar santo y nuestra nación.

49 Entonces Caifás, uno de ellos, sumo sacerdote aquel año, les dijo: Vosotros no sabéis nada;

50 ni pensáis que nos conviene que un hombre muera por el pueblo, y no que toda la nación perezca.

51 Esto no lo dijo por sí mismo, sino que como era el sumo sacerdote aquel año, profetizó que Jesús había de morir por la nación;

52 y no solamente por la nación, sino también para congregar en uno a los hijos de Dios que estaban dispersos.

53 Así que, desde aquel día acordaron matarle.

54 Por tanto, Jesús ya no andaba abiertamente entre los judíos, sino que se alejó de allí a la región contigua al desierto, a una ciudad llamada Efraín; y se quedó allí con sus discípulos.

55 Y estaba cerca la pascua de los judíos; y muchos subieron de aquella región a Jerusalén antes de la pascua, para purificarse.

56 Y buscaban a Jesús, y estando ellos en el templo, se preguntaban unos a otros: ¿Qué os parece? ¿No vendrá a la fiesta?

57 Y los principales sacerdotes y los fariseos habían dado orden de que si alguno supiese dónde estaba, lo manifestase, para que le prendiesen.

Jesús es ungido en Betania
(Mt. 26.6-13; Mr. 14.3-9)

12 Seis días antes de la pascua, vino Jesús a Betania, donde estaba Lázaro, el que había estado muerto, y a quien había resucitado de los muertos.

2 Y le hicieron allí una cena; Marta servía, y Lázaro era uno de los que estaban sentados a la mesa con él.

3 Entonces María tomó una libra de perfume de nardo puro, de mucho precio, y ungió los pies de Jesús, y los enjugó con sus cabellos; y la casa se llenó del olor del perfume.

4 Y dijo uno de sus discípulos, Judas Iscariote hijo de Simón, el que le había de entregar:

5 ¿Por qué no fue este perfume vendido por trescientos denarios, y dado a los pobres?

6 Pero dijo esto, no porque se cuidara de los pobres, sino porque era ladrón, y teniendo la bolsa, sustraía de lo que se echaba en ella.

7 Entonces Jesús dijo: Déjala; para el día de mi sepultura ha guardado esto.

8 Porque a los pobres siempre los tendréis con vosotros, mas a mí no siempre me tendréis.

El complot contra Lázaro

9 Gran multitud de los judíos supieron entonces que él estaba allí, y vinieron, no solamente por causa de Jesús, sino también para ver a Lázaro, a quien había resucitado de los muertos.

10 Pero los principales sacerdotes acordaron dar muerte también a Lázaro,

11 porque a causa de él muchos de los judíos se apartaban y creían en Jesús.

La entrada triunfal en Jerusalén
(Mt. 21.1-11; Mr. 11.1-11; Lc. 19.28-40)

12 El siguiente día, grandes multitudes que habían venido a la fiesta, al oír que Jesús venía a Jerusalén,

13 tomaron ramas de palmera y salieron a recibirle, y clamaban: ¡Hosanna! ¡Bendito el que viene en el nombre del Señor, el Rey de Israel!

14 Y halló Jesús un asnillo, y montó sobre él, como está escrito:

15 No temas, hija de Sion;

He aquí tu Rey viene,

Montado sobre un pollino de asna.

16 Estas cosas no las entendieron sus discípulos al principio; pero cuando Jesús fue glorificado, entonces se acordaron de que estas cosas estaban escritas acerca de él, y de que se las habían hecho.

17 Y daba testimonio la gente que estaba con él cuando llamó a Lázaro del sepulcro, y le resucitó de los muertos.

18 Por lo cual también había venido la gente a recibirle, porque había oído que él había hecho esta señal.

19 Pero los fariseos dijeron entre sí: Ya veis que no conseguís nada. Mirad, el mundo se va tras él.

Unos griegos buscan a Jesús

20 Había ciertos griegos entre los que habían subido a adorar en la fiesta.

21 Estos, pues, se acercaron a Felipe, que era de Betsaida de Galilea, y le rogaron, diciendo: Señor, quisiéramos ver a Jesús.

22 Felipe fue y se lo dijo a Andrés; entonces Andrés y Felipe se lo dijeron a Jesús.

23 Jesús les respondió diciendo: Ha llegado la hora para que el Hijo del Hombre sea glorificado.

24 De cierto, de cierto os digo, que si el grano de trigo no cae en la tierra y muere, queda solo; pero si muere, lleva mucho fruto.

25 El que ama su vida, la perderá; y el que aborrece su vida en este mundo, para vida eterna la guardará.

26 Si alguno me sirve, sígame; y donde yo estuviere, allí también estará mi servidor. Si alguno me sirviere, mi Padre le honrará.

Jesús anuncia su muerte

27 Ahora está turbada mi alma; ¿y qué diré? ¿Padre, sálvame de esta hora? Mas para esto he llegado a esta hora.

28 Padre, glorifica tu nombre. Entonces vino una voz del cielo: Lo he glorificado, y lo glorificaré otra vez.

29 Y la multitud que estaba allí, y había oído la voz, decía que había sido un trueno. Otros decían: Un ángel le ha hablado.

30 Respondió Jesús y dijo: No ha venido esta voz por causa mía, sino por causa de vosotros.

31 Ahora es el juicio de este mundo; ahora el príncipe de este mundo será echado fuera.

32 Y yo, si fuere levantado de la tierra, a todos atraeré a mí mismo.

33 Y decía esto dando a entender de qué muerte iba a morir.

34 Le respondió la gente: Nosotros hemos oído de la ley, que el Cristo permanece para siempre. ¿Cómo, pues, dices tú que es necesario que el Hijo del Hombre sea levantado? ¿Quién es este Hijo del Hombre?

35 Entonces Jesús les dijo: Aún por un poco está la luz entre vosotros; andad entre tanto que tenéis luz, para que no os sorprendan las tinieblas; porque el que anda en tinieblas, no sabe a dónde va.

36 Entre tanto que tenéis la luz, creed en la luz, para que seáis hijos de luz.

Incredulidad de los judíos

Estas cosas habló Jesús, y se fue y se ocultó de ellos.

37 Pero a pesar de que había hecho tantas señales delante de ellos, no creían en él;

38 para que se cumpliese la palabra del profeta Isaías, que dijo:

Señor, ¿quién ha creído a nuestro anuncio?

¿Y a quién se ha revelado el brazo del Señor?

39 Por esto no podían creer, porque también dijo Isaías:

40 Cegó los ojos de ellos, y endureció su corazón;

Para que no vean con los ojos, y entiendan con el corazón, y se conviertan, y yo los sane.

41 Isaías dijo esto cuando vio su gloria, y habló acerca de él.

42 Con todo eso, aun de los gobernantes, muchos creyeron en él; pero a causa de los fariseos no lo confesaban, para no ser expulsados de la sinagoga.

43 Porque amaban más la gloria de los hombres que la gloria de Dios.

Las palabras de Jesús juzgarán
a los hombres

44 Jesús clamó y dijo: El que cree en mí, no cree en mí, sino en el que me envió;

45 y el que me ve, ve al que me envió.

46 Yo, la luz, he venido al mundo, para que todo aquel que cree en mí no permanezca en tinieblas.

47 Al que oye mis palabras, y no las guarda, yo no le juzgo; porque no he venido a juzgar al mundo, sino a salvar al mundo.

48 El que me rechaza, y no recibe mis palabras, tiene quien le juzgue; la palabra que he hablado, ella le juzgará en el día postrero.

49 Porque yo no he hablado por mi propia cuenta; el Padre que me envió, él me dio mandamiento de lo que he de decir, y de lo que he de hablar.

50 Y sé que su mandamiento es vida eterna. Así pues, lo que yo hablo, lo hablo como el Padre me lo ha dicho.

Jesús lava los pies de sus discípulos

13 Antes de la fiesta de la pascua, sabiendo Jesús que su hora había llegado para que pasase de este mundo al Padre, como había amado a los suyos que estaban en el mundo, los amó hasta el fin.

2 Y cuando cenaban, como el diablo ya había puesto en el corazón de Judas Iscariote, hijo de Simón, que le entregase,

3 sabiendo Jesús que el Padre le había dado todas las cosas en las manos, y que había salido de Dios, y a Dios iba,

4 se levantó de la cena, y se quitó su manto, y tomando una toalla, se la ciñó.

5 Luego puso agua en un lebrillo, y comenzó a lavar los pies de los discípulos, y a enjugarlos con la toalla con que estaba ceñido.

6 Entonces vino a Simón Pedro; y Pedro le dijo: Señor, ¿tú me lavas los pies?

7 Respondió Jesús y le dijo: Lo que yo hago, tú no lo comprendes ahora; mas lo entenderás después.

8 Pedro le dijo: No me lavarás los pies jamás. Jesús le respondió: Si no te lavare, no tendrás parte conmigo.

9 Le dijo Simón Pedro: Señor, no sólo mis pies, sino también las manos y la cabeza.

10 Jesús le dijo: El que está lavado, no necesita sino lavarse los pies, pues está todo limpio; y vosotros limpios estáis, aunque no todos.

11 Porque sabía quién le iba a entregar; por eso dijo: No estáis limpios todos.

12 Así que, después que les hubo lavado los pies, tomó su manto, volvió a la mesa, y les dijo: ¿Sabéis lo que os he hecho?

13 Vosotros me llamáis Maestro, y Señor; y decís bien, porque lo soy.

14 Pues si yo, el Señor y el Maestro, he lavado vuestros pies, vosotros también debéis lavaros los pies los unos a los otros.

15 Porque ejemplo os he dado, para que como yo os he hecho, vosotros también hagáis.

16 De cierto, de cierto os digo: El siervo no es mayor que su señor, ni el enviado es mayor que el que le envió.

17 Si sabéis estas cosas, bienaventurados seréis si las hiciereis.

18 No hablo de todos vosotros; yo sé a quienes he elegido; mas para que se cumpla la Escritura: El que come pan conmigo, levantó contra mí su calcañar.

19 Desde ahora os lo digo antes que suceda, para que cuando suceda, creáis que yo soy.

20 De cierto, de cierto os digo: El que recibe al que yo enviare, me recibe a mí; y el que me recibe a mí, recibe al que me envió.

Jesús anuncia la traición de Judas
(Mt. 26.20-25; Mr. 14.17-21; Lc. 22.21-23)

21 Habiendo dicho Jesús esto, se conmovió en espíritu, y declaró y dijo: De cierto, de cierto os digo, que uno de vosotros me va a entregar.

22 Entonces los discípulos se miraban unos a otros, dudando de quién hablaba.

23 Y uno de sus discípulos, al cual Jesús amaba, estaba recostado al lado de Jesús.

24 A éste, pues, hizo señas Simón Pedro, para que preguntase quién era aquel de quien hablaba.

25 El entonces, recostado cerca del pecho de Jesús, le dijo: Señor, ¿quién es?

26 Respondió Jesús: A quien yo diere el pan mojado, aquél es. Y mojando el pan, lo dio a Judas Iscariote hijo de Simón.

27 Y después del bocado, Satanás entró en él. Entonces Jesús le dijo: Lo que vas a hacer, hazlo más pronto.

28 Pero ninguno de los que estaban a la mesa entendió por qué le dijo esto.

29 Porque algunos pensaban, puesto que Judas tenía la bolsa, que Jesús le decía: Compra lo que necesitamos para la fiesta; o que diese algo a los pobres.

30 Cuando él, pues, hubo tomado el bocado, luego salió; y era ya de noche.

El nuevo mandamiento

31 Entonces, cuando hubo salido, dijo Jesús: Ahora es glorificado el Hijo del Hombre, y Dios es glorificado en él.

32 Si Dios es glorificado en él, Dios también le glorificará en sí mismo, y en seguida le glorificará.

33 Hijitos, aún estaré con vosotros un poco. Me buscaréis; pero como dije a los judíos, así os digo ahora a vosotros: A donde yo voy, vosotros no podéis ir.

34 Un mandamiento nuevo os doy: Que os améis unos a otros; como yo os he amado, que también os améis unos a otros.

35 En esto conocerán todos que sois mis discípulos, si tuviereis amor los unos con los otros.

Jesús anuncia la negación de Pedro
(Mt. 26.31-35; Mr. 14.27-31; Lc. 22.31-34)

36 Le dijo Simón Pedro: Señor, ¿a dónde vas? Jesús le respondió: A donde yo voy, no me puedes seguir ahora; mas me seguirás después.

37 Le dijo Pedro: Señor, ¿por qué no te puedo seguir ahora? Mi vida pondré por ti.

38 Jesús le respondió: ¿Tu vida pondrás por mí? De cierto, de cierto te digo: No cantará el gallo, sin que me hayas negado tres veces.

Jesús, el camino al Padre

14 No se turbe vuestro corazón; creéis en Dios, creed también en mí.

2 En la casa de mi Padre muchas moradas hay; si así no fuera, yo os lo hubiera dicho; voy, pues, a preparar lugar para vosotros.

3 Y si me fuere y os preparare lugar, vendré otra vez, y os tomaré a mí mismo, para que donde yo estoy, vosotros también estéis.

4 Y sabéis a dónde voy, y sabéis el camino.

5 Le dijo Tomás: Señor, no sabemos a dónde vas; ¿cómo, pues, podemos saber el camino?

6 Jesús le dijo: Yo soy el camino, y la verdad, y la vida; nadie viene al Padre, sino por mí.

7 Si me conocieseis, también a mi Padre conoceríais; y desde ahora le conocéis, y le habéis visto.

8 Felipe le dijo: Señor, muéstranos el Padre, y nos basta.

9 Jesús le dijo: ¿Tanto tiempo hace que estoy con vosotros, y no me has conocido, Felipe? El que me ha visto a mí, ha visto al Padre; ¿cómo, pues, dices tú: Muéstranos el Padre?

10 ¿No crees que yo soy en el Padre, y el Padre en mí? Las palabras que yo os hablo, no las hablo por mi propia cuenta, sino que el Padre que mora en mí, él hace las obras.

11 Creedme que yo soy en el Padre, y el Padre en mí; de otra manera, creedme por las mismas obras.

12 De cierto, de cierto os digo: El que en mí cree, las obras que yo hago, él las hará también; y aun mayores hará, porque yo voy al Padre.

13 Y todo lo que pidiereis al Padre en mi nombre, lo haré, para que el Padre sea glorificado en el Hijo.

14 Si algo pidiereis en mi nombre, yo lo haré.

La promesa del Espíritu Santo

15 Si me amáis, guardad mis mandamientos.

16 Y yo rogaré al Padre, y os dará otro Consolador, para que esté con vosotros para siempre:

17 el Espíritu de verdad, al cual el mundo no puede recibir, porque no le ve, ni le conoce; pero vosotros le conocéis, porque mora con vosotros, y estará en vosotros.

18 No os dejaré huérfanos; vendré a vosotros.

19 Todavía un poco, y el mundo no me verá más; pero vosotros me veréis; porque yo vivo, vosotros también viviréis.

20 En aquel día vosotros conoceréis que yo estoy en mi Padre, y vosotros en mí, y yo en vosotros.

21 El que tiene mis mandamientos, y los guarda, ése es el que me ama; y el que me ama, será amado por mi Padre, y yo le amaré, y me manifestaré a él.

22 Le dijo Judas (no el Iscariote): Señor, ¿cómo es que te manifestarás a nosotros, y no al mundo?

23 Respondió Jesús y le dijo: El que me ama, mi palabra guardará; y mi Padre le amará, y vendremos a él, y haremos morada con él.

24 El que no me ama, no guarda mis palabras; y la palabra que habéis oído no es mía, sino del Padre que me envió.

25 Os he dicho estas cosas estando con vosotros.

26 Mas el Consolador, el Espíritu Santo, a quien el Padre enviará en mi nombre, él os enseñará todas las cosas, y os recordará todo lo que yo os he dicho.

27 La paz os dejo, mi paz os doy; yo no os la doy como el mundo la da. No se turbe vuestro corazón, ni tenga miedo.

28 Habéis oído que yo os he dicho: Voy, y vengo a vosotros. Si me amarais, os habríais regocijado, porque he dicho que voy al Padre; porque el Padre mayor es que yo.

29 Y ahora os lo he dicho antes que suceda, para que cuando suceda, creáis.

30 No hablaré ya mucho con vosotros; porque viene el príncipe de este mundo, y él nada tiene en mí.

31 Mas para que el mundo conozca que amo al Padre, y como el Padre me mandó, así hago. Levantaos, vamos de aquí.

Jesús, la vid verdadera

15 Yo soy la vid verdadera, y mi Padre es el labrador.

2 Todo pámpano que en mí no lleva fruto, lo quitará; y todo aquel que lleva fruto, lo limpiará, para que lleve más fruto.

3 Ya vosotros estáis limpios por la palabra que os he hablado.

4 Permaneced en mí, y yo en vosotros. Como el pámpano no puede llevar fruto por sí mismo, si no perma-

nece en la vid, así tampoco vosotros, si no permanecéis en mí.

5 Yo soy la vid, vosotros los pámpanos; el que permanece en mí, y yo en él, éste lleva mucho fruto; porque separados de mí nada podéis hacer.

6 El que en mí no permanece, será echado fuera como pámpano, y se secará; y los recogen, y los echan en el fuego, y arden.

7 Si permanecéis en mí, y mis palabras permanecen en vosotros, pedid todo lo que queréis, y os será hecho.

8 En esto es glorificado mi Padre, en que llevéis mucho fruto, y seáis así mis discípulos.

9 Como el Padre me ha amado, así también yo os he amado; permaneced en mi amor.

10 Si guardareis mis mandamientos, permaneceréis en mi amor; así como yo he guardado los mandamientos de mi Padre, y permanezco en su amor.

11 Estas cosas os he hablado, para que mi gozo esté en vosotros, y vuestro gozo sea cumplido.

12 Este es mi mandamiento: Que os améis unos a otros, como yo os he amado.

13 Nadie tiene mayor amor que este, que uno ponga su vida por sus amigos.

14 Vosotros sois mis amigos, si hacéis lo que yo os mando.

15 Ya no os llamaré siervos, porque el siervo no sabe lo que hace su señor; pero os he llamado amigos, porque todas las cosas que oí de mi Padre, os las he dado a conocer.

16 No me elegisteis vosotros a mí, sino que yo os elegí a vosotros, y os he puesto para que vayáis y llevéis fruto, y vuestro fruto permanezca; para que todo lo que pidiereis al Padre en mi nombre, él os lo dé.

17 Esto os mando: Que os améis unos a otros.

El mundo os aborrecerá

18 Si el mundo os aborrece, sabed que a mí me ha aborrecido antes que a vosotros.

19 Si fuerais del mundo, el mundo amaría lo suyo; pero porque no sois del mundo, antes yo os elegí del mundo, por eso el mundo os aborrece.

20 Acordaos de la palabra que yo os he dicho: El siervo no es mayor que su señor. Si a mí me han perseguido, también a vosotros os perseguirán; si han guardado mi palabra, también guardarán la vuestra.

21 Mas todo esto os harán por causa de mi nombre, porque no conocen al que me ha enviado.

22 Si yo no hubiera venido, ni les hubiera hablado, no tendrían pecado; pero ahora no tienen excusa por su pecado.

23 El que me aborrece a mí, también a mi Padre aborrece.

24 Si yo no hubiese hecho entre ellos obras que ningún otro ha hecho, no tendrían pecado; pero ahora han visto y han aborrecido a mí y a mi Padre.

25 Pero esto es para que se cumpla la palabra que está escrita en su ley: Sin causa me aborrecieron.

26 Pero cuando venga el Consolador, a quien yo os enviaré del Padre, el Espíritu de verdad, el cual procede del Padre, él dará testimonio acerca de mí.

27 Y vosotros daréis testimonio también, porque habéis estado conmigo desde el principio.

16 Estas cosas os he hablado, para que no tengáis tropiezo.

2 Os expulsarán de las sinagogas; y aun viene la hora cuando cualquiera que os mate, pensará que rinde servicio a Dios.

3 Y harán esto porque no conocen al Padre ni a mí.

4 Mas os he dicho estas cosas, para que cuando llegue la hora, os acordéis de que ya os lo había dicho.

La obra del Espíritu Santo

Esto no os lo dije al principio, porque yo estaba con vosotros.

5 Pero ahora voy al que me envió; y ninguno de vosotros me pregunta: ¿A dónde vas?

6 Antes, porque os he dicho estas cosas, tristeza ha llenado vuestro corazón.

7 Pero yo os digo la verdad: Os conviene que yo me vaya; porque si no me fuera, el Consolador no vendría a vosotros; mas si me fuere, os lo enviaré.

8 Y cuando él venga, convencerá al mundo de pecado, de justicia y de juicio.

9 De pecado, por cuanto no creen en mí;

10 de justicia, por cuanto voy al Padre, y no me veréis más;

11 y de juicio, por cuanto el príncipe de este mundo ha sido ya juzgado.

12 Aún tengo muchas cosas que deciros, pero ahora no las podéis sobrellevar.

13 Pero cuando venga el Espíritu de verdad, él os guiará a toda la verdad; porque no hablará por su propia cuenta, sino que hablará todo lo que oyere, y os hará saber las cosas que habrán de venir.

14 El me glorificará; porque tomará de lo mío, y os lo hará saber.

15 Todo lo que tiene el Padre es mío; por eso dije que tomará de lo mío, y os lo hará saber.

La tristeza se convertirá en gozo

16 Todavía un poco, y no me veréis; y de nuevo un poco, y me veréis; porque yo voy al Padre.

17 Entonces se dijeron algunos de sus discípulos unos a otros: ¿Qué es esto que nos dice: Todavía un poco y no me veréis; y de nuevo un poco, y me veréis; y, porque yo voy al Padre?

18 Decían, pues: ¿Qué quiere decir con: Todavía un poco? No entendemos lo que habla.

19 Jesús conoció que querían preguntarle, y les dijo: ¿Preguntáis entre vosotros acerca de esto que dije: Todavía un poco y no me veréis, y de nuevo un poco y me veréis?

20 De cierto, de cierto os digo, que vosotros lloraréis y lamentaréis, y el mundo se alegrará; pero aunque vosotros estéis tristes, vuestra tristeza se convertirá en gozo.

21 La mujer cuando da a luz, tiene dolor, porque ha llegado su hora; pero después que ha dado a luz un niño, ya no se acuerda de la angustia, por el gozo de que haya nacido un hombre en el mundo.

22 También vosotros ahora tenéis tristeza; pero os volveré a ver, y se gozará vuestro corazón, y nadie os quitará vuestro gozo.

23 En aquel día no me preguntaréis nada. De cierto, de cierto os digo, que todo cuanto pidiereis al Padre en mi nombre, os lo dará.

24 Hasta ahora nada habéis pedido en mi nombre; pedid, y recibiréis, para que vuestro gozo sea cumplido.

Yo he vencido al mundo

25 Estas cosas os he hablado en alegorías; la hora viene cuando ya no os hablaré por alegorías, sino que claramente os anunciaré acerca del Padre.

26 En aquel día pediréis en mi nombre; y no os digo que yo rogaré al Padre por vosotros,

27 pues el Padre mismo os ama, porque vosotros me habéis amado, y habéis creído que yo salí de Dios.

28 Salí del Padre, y he venido al mundo; otra vez dejo el mundo, y voy al Padre.

29 Le dijeron sus discípulos: He aquí ahora hablas claramente, y ninguna alegoría dices.

30 Ahora entendemos que sabes todas las cosas, y no necesitas que nadie te pregunte; por esto creemos que has salido de Dios.

31 Jesús les respondió: ¿Ahora creéis?

32 He aquí la hora viene, y ha venido ya, en que seréis esparcidos cada uno por su lado, y me dejaréis solo; mas no estoy solo, porque el Padre está conmigo.

33 Estas cosas os he hablado para que en mí tengáis paz. En el mundo tendréis aflicción; pero confiad, yo he vencido al mundo.

Jesús ora por sus discípulos

17 Estas cosas habló Jesús, y levantando los ojos al cielo, dijo: Padre, la hora ha llegado; glorifica a tu Hijo, para que también tu Hijo te glorifique a ti;

2 como le has dado potestad sobre toda carne, para que dé vida eterna a todos los que le diste.

3 Y esta es la vida eterna: que te conozcan a ti, el único Dios verdadero, y a Jesucristo, a quien has enviado.

4 Yo te he glorificado en la tierra; he acabado la obra que me diste que hiciese.

5 Ahora pues, Padre, glorifícame tú al lado tuyo, con aquella gloria que tuve contigo antes que el mundo fuese.

6 He manifestado tu nombre a los hombres que del mundo me diste; tuyos eran, y me los diste, y han guardado tu palabra.

7 Ahora han conocido que todas las cosas que me has dado, proceden de ti;

8 porque las palabras que me diste, les he dado; y ellos las recibieron, y han conocido verdaderamente que salí de ti, y han creído que tú me enviaste.

9 Yo ruego por ellos; no ruego por el mundo, sino por los que me diste; porque tuyos son,

10 y todo lo mío es tuyo, y lo tuyo mío; y he sido glorificado en ellos.

11 Y ya no estoy en el mundo; mas éstos están en el mundo, y yo voy a ti. Padre santo, a los que me has dado, guárdalos en tu nombre, para que sean uno, así como nosotros.

12 Cuando estaba con ellos en el mundo, yo los guardaba en tu nombre; a los que me diste, yo los guardé, y ninguno de ellos se perdió, sino el hijo de perdición, para que la Escritura se cumpliese.

13 Pero ahora voy a ti; y hablo esto en el mundo, para que tengan mi gozo cumplido en sí mismos.

14 Yo les he dado tu palabra; y el mundo los aborreció, porque no son del mundo, como tampoco yo soy del mundo.

15 No ruego que los quites del mundo, sino que los guardes del mal.

16 No son del mundo, como tampoco yo soy del mundo.

17 Santifícalos en tu verdad; tu palabra es verdad.

18 Como tú me enviaste al mundo, así yo los he enviado al mundo.

19 Y por ellos yo me santifico a mí mismo, para que también ellos sean santificados en la verdad.

20 Mas no ruego solamente por éstos, sino también por los que han de creer en mí por la palabra de ellos,

21 para que todos sean uno; como tú, oh Padre, en mí, y yo en ti, que también ellos sean uno en nosotros; para que el mundo crea que tú me enviaste.

22 La gloria que me diste, yo les he dado, para que sean uno, así como nosotros somos uno.

23 Yo en ellos, y tú en mí, para que sean perfectos en unidad, para que el mundo conozca que tú me enviaste, y que los has amado a ellos como también a mí me has amado.

24 Padre, aquellos que me has dado, quiero que donde yo estoy, también ellos estén conmigo, para que vean

mi gloria que me has dado; porque me has amado desde antes de la fundación del mundo.

25 Padre justo, el mundo no te ha conocido, pero yo te he conocido, y éstos han conocido que tú me enviaste.

26 Y les he dado a conocer tu nombre, y lo daré a conocer aún, para que el amor con que me has amado, esté en ellos, y yo en ellos.

Arresto de Jesús
(Mt. 26.47-56; Mr. 14.43-50; Lc. 22.47-53)

18 Habiendo dicho Jesús estas cosas, salió con sus discípulos al otro lado del torrente de Cedrón, donde había un huerto, en el cual entró con sus discípulos.

2 Y también Judas, el que le entregaba, conocía aquel lugar, porque muchas veces Jesús se había reunido allí con sus discípulos.

3 Judas, pues, tomando una compañía de soldados, y alguaciles de los principales sacerdotes y de los fariseos, fue allí con linternas y antorchas, y con armas.

4 Pero Jesús, sabiendo todas las cosas que le habían de sobrevenir, se adelantó y les dijo: ¿A quién buscáis?

5 Le respondieron: A Jesús nazareno. Jesús les dijo: Yo soy. Y estaba también con ellos Judas, el que le entregaba.

6 Cuando les dijo: Yo soy, retrocedieron, y cayeron a tierra.

7 Volvió, pues, a preguntarles: ¿A quién buscáis? Y ellos dijeron: A Jesús nazareno.

8 Respondió Jesús: Os he dicho que yo soy; pues si me buscáis a mí, dejad ir a éstos;

9 para que se cumpliese aquello que había dicho: De los que me diste, no perdí ninguno.

10 Entonces Simón Pedro, que tenía una espada, la desenvainó, e hirió al siervo del sumo sacerdote, y le cortó la oreja derecha. Y el siervo se llamaba Malco.

11 Jesús entonces dijo a Pedro: Mete tu espada en la vaina; la copa que el Padre me ha dado, ¿no la he de beber?

Jesús ante el sumo sacerdote
(Mt. 26.57-58; Mr. 14.53-54; Lc. 22.54)

12 Entonces la compañía de soldados, el tribuno y los alguaciles de los judíos, prendieron a Jesús y le ataron,

13 y le llevaron primeramente a Anás; porque era suegro de Caifás, que era sumo sacerdote aquel año.

14 Era Caifás el que había dado el consejo a los judíos, de que convenía que un solo hombre muriese por el pueblo.

Pedro en el patio de Anás
(Mt. 26.69-70; Mr. 14.66-68; Lc. 22.55-57)

15 Y seguían a Jesús Simón Pedro y otro discípulo. Y este discípulo era conocido del sumo sacerdote, y entró con Jesús al patio del sumo sacerdote;

16 mas Pedro estaba fuera, a la puerta. Salió, pues, el discípulo que era conocido del sumo sacerdote, y habló a la portera, e hizo entrar a Pedro.

17 Entonces la criada portera dijo a Pedro: ¿No eres tú también de los discípulos de este hombre? Dijo él: No lo soy.

18 Y estaban en pie los siervos y los alguaciles que habían encendido un fuego; porque hacía frío, y se calentaban; y también con ellos estaba Pedro en pie, calentándose.

Anás interroga a Jesús
(Mt. 26.59-66; Mr. 14.55-64; Lc. 22.66-71)

19 Y el sumo sacerdote preguntó a Jesús acerca de sus discípulos y de su doctrina.

20 Jesús le respondió: Yo públicamente he hablado al mundo; siempre he enseñado en la sinagoga y en el templo, donde se reúnen todos los judíos, y nada he hablado en oculto.

21 ¿Por qué me preguntas a mí? Pregunta a los que han oído, qué les haya yo hablado; he aquí, ellos saben lo que yo he dicho.

22 Cuando Jesús hubo dicho esto, uno de los alguaciles, que estaba allí, le dio una bofetada, diciendo: ¿Así respondes al sumo sacerdote?

23 Jesús le respondió: Si he hablado mal, testifica en qué está el mal; y si bien, ¿por qué me golpeas?

24 Anás entonces le envió atado a Caifás, el sumo sacerdote.

Pedro niega a Jesús
(Mt. 26.71-75; Mr. 14.69-72; Lc. 22.58-62)

25 Estaba, pues, Pedro en pie, calentándose. Y le dijeron: ¿No eres tú de sus discípulos? El negó, y dijo: No lo soy.

26 Uno de los siervos del sumo sacerdote, pariente de aquel a quien Pedro había cortado la oreja, le dijo: ¿No te vi yo en el huerto con él?

27 Negó Pedro otra vez; y en seguida cantó el gallo.

Jesús ante Pilato
(Mt. 27.1-2,11-31; Mr. 15.1-20; Lc. 23.1-5,13-25)

28 Llevaron a Jesús de casa de Caifás al pretorio. Era de mañana, y ellos no entraron en el pretorio para no contaminarse, y así poder comer la pascua.

29 Entonces salió Pilato a ellos, y les dijo: ¿Qué acusación traéis contra este hombre?

30 Respondieron y le dijeron: Si éste no fuera malhechor, no te lo habríamos entregado.

31 Entonces les dijo Pilato: Tomadle vosotros, y juzgadle según vuestra ley. Y los judíos le dijeron: A nosotros no nos está permitido dar muerte a nadie;

32 para que se cumpliese la palabra que Jesús había dicho, dando a entender de qué muerte iba a morir.

33 Entonces Pilato volvió a entrar en el pretorio, y llamó a Jesús y le dijo: ¿Eres tú el Rey de los judíos?

34 Jesús le respondió: ¿Dices tú esto por ti mismo, o te lo han dicho otros de mí?

35 Pilato le respondió: ¿Soy yo acaso judío? Tu nación, y los principales sacerdotes, te han entregado a mí. ¿Qué has hecho?

36 Respondió Jesús: Mi reino no es de este mundo; si mi reino fuera de este mundo, mis servidores pelearían para que yo no fuera entregado a los judíos; pero mi reino no es de aquí.

37 Le dijo entonces Pilato: ¿Luego, eres tú rey? Respondió Jesús: Tú dices que yo soy rey. Yo para esto he nacido, y para esto he venido al mundo, para dar testimonio a la verdad. Todo aquel que es de la verdad, oye mi voz.

38 Le dijo Pilato: ¿Qué es la verdad? Y cuando hubo dicho esto, salió otra vez a los judíos, y les dijo: Yo no hallo en él ningún delito.

39 Pero vosotros tenéis la costumbre de que os suelte uno en la pascua. ¿Queréis, pues, que os suelte al Rey de los judíos?

40 Entonces todos dieron voces de nuevo, diciendo: No a éste, sino a Barrabás. Y Barrabás era ladrón.

19 Así que, entonces tomó Pilato a Jesús, y le azotó.

2 Y los soldados entretejieron una corona de espinas, y la pusieron sobre su cabeza, y le vistieron con un manto de púrpura;

3 y le decían: ¡Salve, Rey de los judíos! y le daban de bofetadas.

4 Entonces Pilato salió otra vez, y les dijo: Mirad, os lo traigo fuera, para que entendáis que ningún delito hallo en él.

5 Y salió Jesús, llevando la corona de espinas y el manto de púrpura. Y Pilato les dijo: ¡He aquí el hombre!

6 Cuando le vieron los principales sacerdotes y los alguaciles, dieron voces, diciendo: ¡Crucifícale! ¡Crucifícale! Pilato les dijo: Tomadle vosotros, y crucificadle; porque yo no hallo delito en él.

7 Los judíos le respondieron: Nosotros tenemos una ley, y según nuestra ley debe morir, porque se hizo a sí mismo Hijo de Dios.

8 Cuando Pilato oyó decir esto, tuvo más miedo.

9 Y entró otra vez en el pretorio, y dijo a Jesús: ¿De dónde eres tú? Mas Jesús no le dio respuesta.

10 Entonces le dijo Pilato: ¿A mí no me hablas? ¿No sabes que tengo autoridad para crucificarte, y que tengo autoridad para soltarte?

11 Respondió Jesús: Ninguna autoridad tendrías contra mí, si no te fuese dada de arriba; por tanto, el que a ti me ha entregado, mayor pecado tiene.

12 Desde entonces procuraba Pilato soltarle; pero los judíos daban voces, diciendo: Si a éste sueltas, no eres amigo de César; todo el que se hace rey, a César se opone.

13 Entonces Pilato, oyendo esto, llevó fuera a Jesús, y se sentó en el tribunal en el lugar llamado el Enlosado, y en hebreo Gabata.

14 Era la preparación de la pascua, y como la hora sexta. Entonces dijo a los judíos: ¡He aquí vuestro Rey!

15 Pero ellos gritaron: ¡Fuera, fuera, crucifícale! Pilato les dijo: ¿A vuestro Rey he de crucificar? Respondieron los principales sacerdotes: No tenemos más rey que César.

16 Así que entonces lo entregó a ellos para que fuese crucificado. Tomaron, pues, a Jesús, y le llevaron.

Crucifixión y muerte de Jesús
(Mt. 27.32-50; Mr. 15.21-37; Lc. 23.26-49)

17 Y él, cargando su cruz, salió al lugar llamado de la Calavera, y en hebreo, Gólgota;

18 y allí le crucificaron, y con él a otros dos, uno a cada lado, y Jesús en medio.

19 Escribió también Pilato un título, que puso sobre la cruz, el cual decía: JESÚS NAZARENO, REY DE LOS JUDÍOS.

20 Y muchos de los judíos leyeron este título; porque el lugar donde Jesús fue crucificado estaba cerca de la ciudad, y el título estaba escrito en hebreo, en griego y en latín.

21 Dijeron a Pilato los principales sacerdotes de los judíos: No escribas: Rey de los judíos; sino, que él dijo: Soy Rey de los judíos.

22 Respondió Pilato: Lo que he escrito, he escrito.

23 Cuando los soldados hubieron crucificado a Jesús, tomaron sus vestidos, e hicieron cuatro partes, una para cada soldado. Tomaron también su túnica, la cual era sin costura, de un solo tejido de arriba abajo.

24 Entonces dijeron entre sí: No la partamos, sino echemos suertes sobre ella, a ver de quién será. Esto fue para que se cumpliese la Escritura, que dice:
Repartieron entre sí mis vestidos,
Y sobre mi ropa echaron suertes.
Y así lo hicieron los soldados.

25 Estaban junto a la cruz de Jesús su madre, y la hermana de su madre, María mujer de Cleofas, y María Magdalena.

26 Cuando vio Jesús a su madre, y al discípulo a quien él amaba, que estaba presente, dijo a su madre: Mujer, he ahí tu hijo.

27 Después dijo al discípulo: He ahí tu madre. Y desde aquella hora el discípulo la recibió en su casa.

28 Después de esto, sabiendo Jesús que ya todo estaba consumado, dijo, para que la Escritura se cumpliese: Tengo sed.

29 Y estaba allí una vasija llena de vinagre; entonces ellos empaparon en vinagre una esponja, y poniéndola en un hisopo, se la acercaron a la boca.

30 Cuando Jesús hubo tomado el vinagre, dijo: Consumado es. Y habiendo inclinado la cabeza, entregó el espíritu.

El costado de Jesús traspasado

31 Entonces los judíos, por cuanto era la preparación de la pascua, a fin de que los cuerpos no quedasen en la cruz en el día de reposo (pues aquel día de reposo era de gran solemnidad), rogaron a Pilato que se les quebrasen las piernas, y fuesen quitados de allí.

32 Vinieron, pues, los soldados, y quebraron las piernas al primero, y asimismo al otro que había sido crucificado con él.

33 Mas cuando llegaron a Jesús, como le vieron ya muerto, no le quebraron las piernas.

34 Pero uno de los soldados le abrió el costado con una lanza, y al instante salió sangre y agua.

35 Y el que lo vio da testimonio, y su testimonio es verdadero; y él sabe que dice verdad, para que vosotros también creáis.

36 Porque estas cosas sucedieron para que se cumpliese la Escritura: No será quebrado hueso suyo.

37 Y también otra Escritura dice: Mirarán al que traspasaron.

Jesús es sepultado
(Mt. 27.57-61; Mr. 15.42-47; Lc. 23.50-56)

38 Después de todo esto, José de Arimatea, que era discípulo de Jesús, pero secretamente por miedo de los judíos, rogó a Pilato que le permitiese llevarse el cuerpo de Jesús; y Pilato se lo concedió. Entonces vino, y se llevó el cuerpo de Jesús.

39 También Nicodemo, el que antes había visitado a Jesús de noche, vino trayendo un compuesto de mirra y de áloes, como cien libras.

40 Tomaron, pues, el cuerpo de Jesús, y lo envolvieron en lienzos con especias aromáticas, según es costumbre sepultar entre los judíos.

41 Y en el lugar donde había sido crucificado, había un huerto, y en el huerto un sepulcro nuevo, en el cual aún no había sido puesto ninguno.

42 Allí, pues, por causa de la preparación de la pascua de los judíos, y porque aquel sepulcro estaba cerca, pusieron a Jesús.

La resurrección
(Mt. 28.1-10; Mr. 16.1-8; Lc. 24.1-12)

20 El primer día de la semana, María Magdalena fue de mañana, siendo aún oscuro, al sepulcro; y vio quitada la piedra del sepulcro.

2 Entonces corrió, y fue a Simón Pedro y al otro discípulo, aquel al que amaba Jesús, y les dijo: Se han llevado del sepulcro al Señor, y no sabemos dónde le han puesto.

3 Y salieron Pedro y el otro discípulo, y fueron al sepulcro.

4 Corrían los dos juntos; pero el otro discípulo corrió más aprisa que Pedro, y llegó primero al sepulcro.

5 Y bajándose a mirar, vio los lienzos puestos allí, pero no entró.

6 Luego llegó Simón Pedro tras él, y entró en el sepulcro, y vio los lienzos puestos allí,

7 y el sudario, que había estado sobre la cabeza de Jesús, no puesto con los lienzos, sino enrollado en un lugar aparte.

8 Entonces entró también el otro discípulo, que había venido primero al sepulcro; y vio, y creyó.

9 Porque aún no habían entendido la Escritura, que era necesario que él resucitase de los muertos.

10 Y volvieron los discípulos a los suyos.

Jesús se aparece a María Magdalena
(Mr. 16.9-11)

11 Pero María estaba fuera llorando junto al sepulcro; y mientras lloraba, se inclinó para mirar dentro del sepulcro;

12 y vio a dos ángeles con vestiduras blancas, que estaban sentados el uno a la cabecera, y el otro a los pies, donde el cuerpo de Jesús había sido puesto.

13 Y le dijeron: Mujer, ¿por qué lloras? Les dijo: Porque se han llevado a mi Señor, y no sé dónde le han puesto.

14 Cuando había dicho esto, se volvió, y vio a Jesús que estaba allí; mas no sabía que era Jesús.

15 Jesús le dijo: Mujer, ¿por qué lloras? ¿A quién buscas? Ella, pensando que era el hortelano, le dijo: Señor, si tú lo has llevado, dime dónde lo has puesto, y yo lo llevaré.

16 Jesús le dijo: ¡María! Volviéndose ella, le dijo: ¡Raboni! (que quiere decir, Maestro).

17 Jesús le dijo: No me toques, porque aún no he subido a mi Padre; mas ve a mis hermanos, y diles: Subo a mi Padre y a vuestro Padre, a mi Dios y a vuestro Dios.

18 Fue entonces María Magdalena para dar a los discípulos las nuevas de que había visto al Señor, y que él le había dicho estas cosas.

Jesús se aparece a los discípulos
(Mt. 28.16-20; Mr. 16.14-18; Lc. 24.36-49)

19 Cuando llegó la noche de aquel mismo día, el primero de la semana, estando las puertas cerradas en el lugar donde los discípulos estaban reunidos por miedo de los judíos, vino Jesús, y puesto en medio, les dijo: Paz a vosotros.

20 Y cuando les hubo dicho esto, les mostró las manos y el costado. Y los discípulos se regocijaron viendo al Señor.

21 Entonces Jesús les dijo otra vez: Paz a vosotros. Como me envió el Padre, así también yo os envío.

22 Y habiendo dicho esto, sopló, y les dijo: Recibid el Espíritu Santo.

23 A quienes remitiereis los pecados, les son remitidos; y a quienes se los retuviereis, les son retenidos.

Incredulidad de Tomás

24 Pero Tomás, uno de los doce, llamado Dídimo, no estaba con ellos cuando Jesús vino.

25 Le dijeron, pues, los otros discípulos: Al Señor hemos visto. El les dijo: Si no viere en sus manos la señal de los clavos, y metiere mi dedo en el lugar de los clavos, y metiere mi mano en su costado, no creeré.

26 Ocho días después, estaban otra vez sus discípulos dentro, y con ellos Tomás. Llegó Jesús, estando las puertas cerradas, y se puso en medio y les dijo: Paz a vosotros.

27 Luego dijo a Tomás: Pon aquí tu dedo, y mira mis manos; y acerca tu mano, y métela en mi costado; y no seas incrédulo, sino creyente.

28 Entonces Tomás respondió y le dijo: ¡Señor mío, y Dios mío!

29 Jesús le dijo: Porque me has visto, Tomás, creíste; bienaventurados los que no vieron, y creyeron.

El propósito del libro

30 Hizo además Jesús muchas otras señales en presencia de sus discípulos, las cuales no están escritas en este libro.

31 Pero éstas se han escrito para que creáis que Jesús es el Cristo, el Hijo de Dios, y para que creyendo, tengáis vida en su nombre.

Jesús se aparece a siete
de sus discípulos

21 Después de esto, Jesús se manifestó otra vez a sus discípulos junto al mar de Tiberias; y se manifestó de esta manera:

2 Estaban juntos Simón Pedro, Tomás llamado el Dídimo, Natanael el de Caná de Galilea, los hijos de Zebedeo, y otros dos de sus discípulos.

3 Simón Pedro les dijo: Voy a pescar. Ellos le dijeron: Vamos nosotros también contigo. Fueron, y entraron en una barca; y aquella noche no pescaron nada.

4 Cuando ya iba amaneciendo, se presentó Jesús en la playa; mas los discípulos no sabían que era Jesús.

5 Y les dijo: Hijitos, ¿tenéis algo de comer? Le respondieron: No.

6 El les dijo: Echad la red a la derecha de la barca, y hallaréis. Entonces la echaron, y ya no la podían sacar, por la gran cantidad de peces.

7 Entonces aquel discípulo a quien Jesús amaba dijo a Pedro: ¡Es el Señor! Simón Pedro, cuando oyó que era el Señor, se ciñó la ropa (porque se había despojado de ella), y se echó al mar.

8 Y los otros discípulos vinieron con la barca, arrastrando la red de peces, pues no distaban de tierra sino como doscientos codos.

9 Al descender a tierra, vieron brasas puestas, y un pez encima de ellas, y pan.

10 Jesús les dijo: Traed de los peces que acabáis de pescar.

11 Subió Simón Pedro, y sacó la red a tierra, llena de grandes peces, ciento cincuenta y tres; y aun siendo tantos, la red no se rompió.

12 Les dijo Jesús: Venid, comed. Y ninguno de los discípulos se atrevía a preguntarle: ¿Tú, quién eres? sabiendo que era el Señor.

13 Vino, pues, Jesús, y tomó el pan y les dio, y asimismo del pescado.

14 Esta era ya la tercera vez que Jesús se manifestaba a sus discípulos, después de haber resucitado de los muertos.

Apacienta mis ovejas

15 Cuando hubieron comido, Jesús dijo a Simón Pedro: Simón, hijo de Jonás, ¿me amas más que éstos? Le respondió: Sí, Señor; tú sabes que te amo. El le dijo: Apacienta mis corderos.

16 Volvió a decirle la segunda vez: Simón, hijo de Jonás, ¿me amas? Pedro le respondió: Sí, Señor; tú sabes que te amo. Le dijo: Pastorea mis ovejas.

17 Le dijo la tercera vez: Simón, hijo de Jonás, ¿me amas? Pedro se entristeció de que le dijese la tercera vez: ¿Me amas? y le respondió: Señor, tú lo sabes todo; tú sabes que te amo. Jesús le dijo: Apacienta mis ovejas.

18 De cierto, de cierto te digo: Cuando eras más joven, te ceñías, e ibas a donde querías; mas cuando ya seas viejo, extenderás tus manos, y te ceñirá otro, y te llevará a donde no quieras.

19 Esto dijo, dando a entender con qué muerte había de glorificar a Dios. Y dicho esto, añadió: Sígueme.

El discípulo amado

20.Volviéndose Pedro, vio que les seguía el discípulo a quien amaba Jesús, el mismo que en la cena se había recostado al lado de él, y le había dicho: Señor, ¿quién es el que te ha de entregar?

21 Cuando Pedro le vio, dijo a Jesús: Señor, ¿y qué de éste?

22 Jesús le dijo: Si quiero que él quede hasta que yo venga, ¿qué a ti? Sígueme tú.

23 Este dicho se extendió entonces entre los hermanos, que aquel discípulo no moriría. Pero Jesús no le dijo que no moriría, sino: Si quiero que él quede hasta que yo venga, ¿qué a ti?

24 Este es el discípulo que da testimonio de estas cosas, y escribió estas cosas; y sabemos que su testimonio es verdadero.

25 Y hay también otras muchas cosas que hizo Jesús, las cuales si se escribieran una por una, pienso que ni aun en el mundo cabrían los libros que se habrían de escribir. Amén.